Seit ihr Roman *Corpus Delicti* 2009 erschienen ist, erreichen Juli Zeh immer wieder E-Mails von Lesern mit Fragen zum Text. Zur Entstehungsgeschichte, zur Handlung, zu den Figuren, zur Interpretation. Bis heute wird der Text auf der Bühne aufgeführt, und in vielen Bundesländern steht der Roman auf dem Lehrplan für den Deutschunterricht und gehört teilweise sogar zum Abiturstoff. In ihrem neuen Buch geht Juli Zeh in Form eines fiktiven Interviews den Fragen von Schülern und Lesern nach, teilweise geht sie aber auch darüber hinaus. Im Zentrum steht die Beschäftigung mit dem, was Theaterstück wie Roman zum Verständnis unserer heutigen Gesellschaft beitragen können. Ausgehend von *Corpus Delicti* richtet das Buch so den Blick auf Fragen wie: Was für ein Menschenbild pflegen wir, wohin bewegt sich unsere Gesellschaft, auf welche Weise wollen wir zusammenleben, und welche Werte sind bedeutsam für uns?

JULI ZEH, 1974 in Bonn geboren, Jurastudium in Passau und Leipzig, Studium des Europa- und Völkerrechts, Promotion. Längere Aufenthalte in New York und Krakau. Schon ihr Debütroman *Adler und Engel* (2001) wurde zu einem Welterfolg, inzwischen sind ihre Romane in 35 Sprachen übersetzt. Zuletzt erschien von ihr der Roman *Neujahr* (2018). Juli Zeh wurde für ihr Werk vielfach ausgezeichnet, unter anderem mit dem Rauriser Literaturpreis (2002), dem Hölderlin-Förderpreis (2003), dem Ernst-Toller-Preis (2003), dem Carl-Amery-Literaturpreis (2009), dem Thomas-Mann-Preis (2013), dem Hildegard-von-Bingen-Preis (2015) und dem Bruno-Kreisky-Preis (2017) sowie dem Heinrich-Böll-Preis der Stadt Köln. 2018 wurde sie mit dem Bundesverdienstkreuz ausgezeichnet. Im selben Jahr wurde sie zur Richterin am Verfassungsgericht des Landes Brandenburg gewählt.

Mehr unter www.juli-zeh.de

Juli Zeh

Fragen zu
Corpus Delicti

btb

Sollte diese Publikation Links auf Webseiten Dritter enthalten,
so übernehmen wir für deren Inhalte keine Haftung, da wir uns
diese nicht zu eigen machen, sondern lediglich auf deren Stand
zum Zeitpunkt der Erstveröffentlichung verweisen.

 Dieses Buch ist auch als E-Book erhältlich.

MIX
Papier aus verantwor-
tungsvollen Quellen
FSC
www.fsc.org   FSC® C014496

Verlagsgruppe Random House FSC®N001967

2. Auflage
Originalausgabe Juli 2020
by btb Verlag in der Verlagsgruppe Random House GmbH,
Neumarkter Str. 28, 81673 München
Covergestaltung: buxdesign, München unter Verwendung
eines Fotos von © David Fink
Satz: Greiner & Reichel, Köln
Druck und Einband: GGP Media GmbH, Pößneck
mr · Herstellung: sc
Printed in Germany
ISBN 978-3-442-71984-6

www.btb-verlag.de
www.facebook.com/btbverlag

INHALT

I.

Statt eines Vorworts

First things first: Warum dieses Buch?

Seit *Corpus Delicti* in die Buchhandlungen gekommen ist, erreichen mich immer wieder Mails von Lesern, die mir Fragen zum Text stellen. Zur Handlung, zu den Figuren, zur Interpretation.

Inzwischen steht der Roman in vielen Bundesländern auf dem Lehrplan für den Deutschunterricht und gehört teilweise sogar zum Abiturstoff. Dadurch häufen sich auch die Zuschriften von Schülern, die durch Diskussionen im Unterricht aufgewühlt sind oder mit den Interpretationen eines Lehrers nicht gut leben können.

Corpus Delicti setzt sich mit vielen Themen auseinander, die für unsere heutige Gesellschaft von Bedeutung sind. Welches Menschenbild pflegen wir, wie wollen wir zusammenleben, welche Werte sind wichtig für uns? Es ist dringend nötig, dass wir jenseits des schnellen Nachrichtengeschäfts in einen Diskurs eintreten, der uns die Möglichkeiten einer gemeinsamen Zukunft vor Augen führt. Nicht als Apokalypse, sondern als Chance. Das geht aber nur, wenn wir uns darauf besinnen, wofür wir eigentlich leben wollen. Jeder für sich und alle gemeinsam.

Zu einem solchen Gespräch will ich mit diesem Buch einladen. Die Fragen sind den vielen Zuschriften nachempfunden, die ich in den letzten Jahren erhalten habe. Zum Teil gehen sie auch darüber hinaus. Das Buch richtet sich an Schüler und Studenten, die ihre Auseinandersetzung mit *Corpus Delicti* vertiefen wollen. Aber natürlich auch an jeden anderen Leser, der sich vom rasanten Epochenwandel unserer Zeit betroffen fühlt.

Du glaubst also, du seist die Richtige, um den Lesern das Buch zu erklären?

Ganz und gar nicht! Im Gegenteil: Ich habe immer gesagt – und das war keine Koketterie –, dass ich nicht gern über eigene Texte spreche. Natürlich gehört es zum Leben einer Autorin, gelegentlich den Erklär-Bär zu spielen. Aber ich komme mir dabei meistens wie eine Betrügerin vor. Oder wie eine Lügnerin. Ich will versuchen zu erklären, warum das so ist.

Viele Leser denken, dass eine Autorin ganz genau weiß, was in ihren Texten steht. Sie hat sich immerhin Gedanken gemacht, die Figuren entworfen, die Handlung erfunden, Motive und Themen gesetzt. Zwar lernt man inzwischen im Deutschunterricht, dass Texte interpretationsoffen sind. Dass also unzählige mögliche Lesarten existieren, die alle ihre Berechtigung haben. Trotzdem hält sich der Glaube, dass die Autorin mehr über den Text weiß als jeder andere und dass ihre Meinung irgendwie mehr zählt. Schließlich hat sie das Ganze zu Papier gebracht.

Nun ist es aber so, dass mein Schreiben in den meisten Fällen nicht sehr bewusst abläuft. Ich mache mir möglichst wenig Gedanken, plane nicht, recherchiere nicht, sondern versuche, mich offen zu halten für die eigene Intuition, für das freie Fließen der Phantasie. Ein bisschen wie bei einem Tagtraum. Oder wie bei einem Komponisten, der am Klavier sitzt und frei improvisiert. Natürlich kennt er sich mit dem Klavierspielen aus, aber im Augenblick des Improvisierens könnte er vermutlich nicht erklären, woher die Melodie kommt, die er spielt, und warum er sich jetzt gerade für den einen statt für den anderen Ton entschieden hat.

Aus meiner Sicht geht es bei dieser Form des Kunstschaffens darum, den vordergründig im Kopf herumplappernden Verstand einmal zum Schweigen zu bringen, um andere, tiefere Bewusstseinsschichten zu aktivieren. Als gäbe es dort in der Tiefe noch Sprachmuskeln, die beim alltäglichen Denken und Kommunizieren brachliegen und erst zum Einsatz kommen, wenn man sich von der üblichen Verstandestätigkeit frei macht. Diese tiefen Sprachmuskeln brauche ich zum Schreiben. Ich versuche deshalb, sie zu nähren und zu stärken. Und sie möglichst wenig bei der Arbeit zu stören.

Dazu gehört auch, dass ich niemals über Texte spreche, die noch in Arbeit sind, nicht einmal mit meinem

Mann. Denn das würde mich zwingen, mir Rechenschaft darüber abzulegen, was ich da eigentlich tue, wovon der Text handelt, ob er gut ist, welche Bedeutung er hat. Möglicherweise wäre ich dann nicht mehr in der Lage, die Geschichte zu Ende zu schreiben. Der vordergründige Verstand hätte übernommen, die tiefen Strukturen würden schweigen.

Diese Arbeitsweise führt dazu, dass ich oft erstaunlich wenig Ahnung davon habe, was in meinen Texten genau steht. Ich erfahre es im Grunde erst im Lektorat und dann später in der Auseinandersetzung mit Journalisten und Lesern. Weil ich über viele Dinge während des Schreibens gar nicht nachgedacht habe, während die Leser fest davon ausgehen, dass der ganze Text total durchdacht und geplant ist. Deshalb fühlt sich das Frage-Antwort-Spiel ein wenig wie Heuchelei an. Wenn ich eine meiner eigenen Figuren interpretiere oder ein Meta-Thema erläutere, dann mache ich das im Grunde gar nicht aus der Perspektive einer Autorin. Sondern als Leserin, als Wieder-Leserin des eigenen Romans.

Was mich natürlich von anderen Lesern unterscheidet, ist, dass ich die Hintergrundgeschichte eines Textes ziemlich gut kenne. Ich weiß, mit welchen politischen Themen ich mich in den vergangenen Jahren auseinandergesetzt habe. Ich weiß, welche Erlebnisse mich stark beeindruckt haben, welchen Menschen ich begegnet bin, welche Bücher ich gelesen habe. Spuren von alldem, Spuren meines gesamten Denkens, Lebens und Seins sind in meinen Werken zu finden. Ich kann sie identifizieren und offenlegen. Dies ist ein spezielles Textverständnis, das nur mir offen steht. Es sagt etwas darüber aus, wie es zu einem bestimmten Buch gekommen ist. Welche Fäden zwischen Text und schreibender Person hin und her laufen. Ich weiß, dass diese Zusammenhänge für viele Leser interessant sind. Deshalb will ich sie in Bezug auf *Corpus Delicti* einmal so umfänglich wie möglich offenlegen.

Worüber meine Reflexionen nicht so viel aussagen werden, ist, was der Text tatsächlich alles enthält und wie er zu deuten ist. Denn die Meinung der Autorin ist aus meiner Sicht nicht bedeutsamer oder gewichtiger, sondern steht gleichberechtigt neben allen anderen Lesarten. Es wäre zum Beispiel nicht fair, einem Deutschlehrer eine meiner Antworten aus diesem Buch entgegenzuhalten und zu sagen: »Sehen Sie, die Autorin hat das aber so und so gemeint.«

Es ist nicht entscheidend, was ich als Autorin gemeint habe. Die Frage, die früher oft im Schulunterricht gestellt wurde: »Was will uns der Autor damit sagen?«, ist Humbug. Der Autor will nichts sagen, und wenn doch, hat es nicht zwingend Relevanz. Jeder einzelne Leser erzeugt beim Lesen einen neuen Roman. Auch von *Corpus Delicti* gibt es also so viele Versionen, wie es Rezipienten gibt. Das ist gerade das Fantastische an Literatur. Es wäre eine traurige Beschränkung von Freiheit und Vielfalt, wenn man eine Chef-Interpretation über dieses vielschichtige Wunder stülpen würde. Weder ein Deutschlehrer noch ein Germanistikprofessor oder Literaturkritiker, nicht einmal die Autorin selbst ist Text-Chef. Literatur kennt überhaupt keine Chefs, und dafür liebe ich sie.

Fällt es dir denn leichter, über *Corpus Delicti* zu sprechen als über deine anderen Texte?

Ja, das ist so, in der Tat. Dafür gibt es zwei Gründe. Zum einen habe ich bei *Corpus Delicti* einfach mehr Übung. Seit dem Erscheinen im Jahr 2009 habe ich nie aufgehört, Fragen zum Text zu beantworten. Auf diese Weise ist *Corpus Delicti* für mich immer präsent geblieben. Ich setze mich Woche für Woche immer wieder mit dem Stoff auseinander und bin inzwischen Profi bei der Selbstinterpretation.

Der andere Grund ist, dass *Corpus Delicti* eine Sonderposition in meinem gesamten literarischen Werk einnimmt. Es ist mein erster, vielleicht auch mein einziger politischer Roman. Über diese Einschätzung werden wir bestimmt später noch sprechen. An dieser Stelle will ich nur betonen, dass ich auch diese Gattungsfrage – politische Literatur oder nicht – allein vor dem Hintergrund meiner schriftstellerischen Werkstatt entscheiden kann. Genauer gesagt: Für mich geht es darum, wie sich das Schreiben angefühlt hat. *Corpus Delicti* wollte von Anfang an ein politischer Text sein. Beim Schreiben war außer den tiefen literarischen Muskeln durchaus auch mein strategischer Alltagsverstand beteiligt. Meine strenge Zurückweisung der Frage »Was will uns der Autor damit sagen?«, gilt deshalb bei *Corpus Delicti* nur teilweise. Die Autorin wollte vielleicht nichts Bestimmtes sagen, aber sie wollte etwas zeigen.

Corpus Delicti hat eine besondere Entstehungsgeschichte. Es war zunächst ein Theaterstück. Das Schreiben für die Bühne ist etwas vollkommen anderes als das freie Schreiben eines Romans. Denn es gibt viel mehr Vorgaben, die Form betreffend. Zwar hat mir die Regisseurin damals viele Freiheiten gelassen, aber ich musste mich natürlich trotzdem an gewisse Dinge halten. Zum Beispiel an die Einheit von Raum und Zeit, an eine bestimmte Anzahl von Figuren, an eine Textlänge. Und ich habe vor und während des Schreibprozesses mit verschiedenen Menschen über die Inhalte gesprochen, was total ungewöhnlich für mich ist. Theater ist halt ein Gemeinschaftsprojekt, man ist kein einsamer Wolf wie beim Prosa-Schreiben. So kam es, dass *Corpus Delicti* von Anfang an ein viel bewussterer Text war, politischer, geplanter, strukturierter als alle meine anderen Arbeiten. *Corpus Delicti* war eher Projekt als Traum. Entsprechend fällt es mir leichter, darüber zu reden. Ich weiß über *Corpus Delicti* einfach mehr als über meine anderen Bücher.

II.

Zur Entstehungsgeschichte:
vom Theaterstück zum Roman

Dann lass uns doch gleich noch ein bisschen ausführlicher über die Entstehungsgeschichte sprechen. Wie kamst du dazu, *Corpus Delicti* zu schreiben?

Im Jahr 2006 meldete sich die Ruhrtriennale bei mir, ein Theaterfestival, das jedes Jahr eine Menge Stücke in verschiedenen Städten des Ruhrgebiets zur Aufführung bringt. Eine Regisseurin namens Friederike Heller hatte sich gewünscht, dass ich einen Text für sie schreibe, der dann im Rahmen der Ruhrtriennale unter ihrer Leitung uraufgeführt werden sollte.

Hast du sofort »Ja« gesagt?

Überhaupt nicht. Ich war total unsicher, ob ich mir das zutraue. Einerseits fühlte ich mich geehrt von der Einladung, zumal Friederike Heller eine interessante und erfolgreiche Regisseurin war. Andererseits dachte ich, dass ich das eigentlich nicht kann. Ich hatte noch nie ein Theaterstück geschrieben, hatte auch wenig Ahnung vom Theater, ich fühlte mich als reine Prosa-Autorin. Trotzdem schien mir der Auftrag reizvoll. Ich fragte Friederike, ob ich einen Text schreiben könne, der aus vielen Dialogen, aber auch aus Prosa-Anteilen bestünde. Quasi eine Mischung aus Drama und Roman. Sie sagte, das käme ihr sogar entgegen, weil sie besonders gern Romane für die Bühne adaptiere. Ich konnte also quasi einen Theaterauftrag annehmen und trotzdem als Schuster bei meinen Leisten bleiben. Das beruhigte mich, und ich sagte zu.

Gab es Vorgaben der Auftraggeber?

Es gab ein Motto für die Ruhrtriennale 2007, und das lautete »Mittelalter«. Mein Text sollte also im weitesten Sinne etwas damit zu tun haben. Ich war an historischen Themen nicht sehr interessiert und beschäftigte mich lieber mit aktuellen Fragen. Zumal mir das Theater als guter Ort für politische und gesellschaftliche Auseinandersetzungen erschien. Glücklicherweise wollte weder die Ruhrtriennale noch die Regisseurin einen historischen Text, es ging nur darum, Bezüge herzustellen. Mich reizte es, eine moderne Hexenjagd zu beschreiben. Das war die Keimzelle von *Corpus Delicti*. Ich beschloss, von einer jungen Frau zu erzählen, die zur Ausgestoßenen wird, ja, zur Staatsfeindin.

Wie lief die Zusammenarbeit mit dem Theater?

Ich habe mich mehrfach mit der Regisseurin Friederike Heller getroffen und über die Inhalte und Ideen für

Corpus Delicti gesprochen. Im Schreibprozess war ich dann frei. Leider wurde Friederike krank und musste die Arbeit an *Corpus Delicti* niederlegen. Eine neue Regisseurin übernahm die Aufgabe, Anja Gronau. Auch mit ihr traf ich mich mehrfach und entwickelte die Ideen weiter.

Wie lange hast du an dem Text geschrieben, wie war der Arbeitsprozess?

Ganz anders als bei meinen anderen Texten. Bei *Corpus Delicti* gab es eine recht lange Planungsphase. Das lag zum einen daran, dass es ja eine Auftragsarbeit war und ich mich immer wieder mit der Regisseurin abstimmen wollte, damit wir eine gemeinsame Vision entwickeln konnten. Zum anderen merkte ich, dass der Gedanke an die spätere Aufführung als Theaterstück mein Schreiben sehr stark beeinflusste. Es war nicht dasselbe wie das Schreiben eines Romans. Ich dachte immer daran, dass der Text später auf der Bühne funktionieren musste. Er durfte nicht zu viele Figuren und möglichst keine großen Zeitsprünge enthalten, keine Ereignisse, die den Rahmen einer Theaterinszenierung sprengen. Gemeinsam mit meinem Mann, der ebenfalls Autor ist, überlegte ich mir genau, wie die Geschichte von Mia Holl verlaufen sollte. In was für einer Welt Mia lebt, um welche Themen es geht. Als ich die Figuren und den Verlauf der Handlung ziemlich klar vor Augen hatte, setzte ich mich hin und begann zu schreiben.

Ich lebte damals mit meinem Mann und meinen beiden Hunden für einige Zeit in Rom. Wir hatten eine sehr kleine Wohnung, es war ziemlich heiß, nachts wurde auf der Piazza Trilussa direkt vor unserer Haustür wild gefeiert, so dass kaum an Schlaf zu denken war. Auch tagsüber war es immer sehr laut. In meiner Erinnerung sitze ich in dieser Mischung aus Hitze und Lärm und Müdigkeit und schreibe wie eine Verrückte, viele Stunden am Tag und in der Nacht. Ich glaube, die Niederschrift der ersten Fassung hat insgesamt nicht viel länger als sechs Wochen gedauert. Natürlich habe ich den Text anschließend noch viele Male überarbeitet. Insgesamt dauerte der Arbeitsprozess ein gutes Jahr.

Und wie bist du auf den Titel gekommen?

Ehrlich gesagt weiß ich gar nicht mehr, wann und wie mir der Titel eingefallen ist. Ich weiß noch, dass ich von Anfang an einen Titel wollte, in dem das Wort »Körper« vorkommt, denn es geht ja um Gesundheitswahn, um Biopolitik und um Körperoptimierung. Gleichzeitig ist der Text auch eine Art Gerichtsdrama. Im Verlauf der Handlung wird Mia Holls Abweichen vom »gesunden« Lebensweg immer weiter kriminalisiert, bis sie als Terroristin verurteilt wird. Das Wort »Delicti« verweist auf diese strafrechtliche Seite. Von daher schien *Corpus Delicti* ein perfekter Titel zu sein.

Wie hast du die Uraufführung erlebt?

Die war sehr aufregend. Ich erinnere mich daran, dass es während der Proben viele Komplikationen gab. Die neue Regisseurin Anja Gronau kam mit einigen der Schauspieler nicht zurecht, und der Text war ja ursprünglich auch nicht für sie, sondern für Friederike Heller entwickelt worden. Anja gab ihr Bestes, aber ich glaube, dass es für sie eine sehr schwierige Situation war. Friederike hatte sich eine Mischung aus Prosa und Drama gewünscht, und jetzt musste Anja diesen Mischtext auf die Bühne bringen. Noch am Tag vorher sah es aus, als könnte die Premiere gar nicht stattfinden. Aber dann war es doch so weit; am 15. September 2007 sah ich meinen Text in der »Zeche Carl« in Essen zum ersten Mal auf der Bühne. Wider Erwarten klappte alles super, die Schauspieler waren toll. Vor allem die Hauptdarstellerin, Anne Ratte-Polle als Mia Holl, hat mich tief beeindruckt. Beim Publikum kam das Stück auch gut an.

Nach der Aufführung hielt der Intendant der Ruhrtriennale hinter der Bühne eine kleine Ansprache an das Team, an alle Schauspieler, die Regisseurin und andere Beteiligte. Dabei sagte er, dass es ja doch noch ein erfolgreicher Abend geworden sei, obwohl ich quasi einen unaufführbaren Text geschrieben hätte. Ich weiß noch, dass mich das damals ziemlich hart getroffen hat. Es klang so, als hätte ich total versagt und die Regisseurin hätte es gerade noch geschafft, den misslungenen

Text zu retten. Alle Probleme, die es während der Proben gegeben hatte, schob der Intendant mir und meinem Text in die Schuhe. Ich bin völlig frustriert nach Hause gefahren und hätte *Corpus Delicti* am liebsten in irgendeiner Schublade versenkt.

Wie verlief die weitere Aufführungsgeschichte?

Glücklicherweise erwies sich die Auffassung des Intendanten als falsch. *Corpus Delicti* war nicht unaufführbar, und es war auch kein schlechter Theatertext. Zwischen 2007 und 2019 wurde das Stück von gut zwanzig verschiedenen Theatern übernommen und inszeniert. Hinzu kommen unzählige Aufführungen durch Schulen, Universitäten und Laien-Theatergruppen. Und diese »Karriere« ist noch nicht zu Ende. Immer wieder entscheiden sich Menschen, eine neue Version von *Corpus Delicti* auf die Bühne zu bringen. Das anhaltende Interesse ist überwältigend.

Lag es an dem großen Erfolg, dass du beschlossen hast, aus dem Theaterstück auch noch ein Buch zu machen?

Es lag eher an der Thematik. Im Lauf der Arbeit am Theaterstück sind immer mehr politische, gesellschaftliche und philosophische Fragen aufgetaucht, die für mich sehr wichtig sind. Es geht um das Spannungsverhältnis zwischen Freiheit und Sicherheit. Es geht um die Frage, ob der Mensch eher über seinen Körper oder über seine inneren Werte zu definieren ist. Es geht um den Überwachungsstaat, um den Antiterrorkampf und seine zerstörerische Kraft für demokratische Werte. Es geht um die Ambivalenz des modernen Lebens, um die Unmöglichkeit, auf rationalem Weg klare Entscheidungen zu treffen. Und auch um die Frage, was eine Freiheitskämpferin von einer Terroristin unterscheidet und wer das definiert. Also um Macht, um Demokratie, um das Verhältnis von Staat und Individuum.

Ich dachte, dass ein Text, der sich mit so zentralen Dingen auseinandersetzt, möglichst viele Menschen erreichen sollte. Als Theaterstück kann man ihn ja immer nur sehen, wenn er in einer bestimmten Stadt auf einer bestimmten Bühne zur Aufführung gebracht wird. Aber ein Buch kann man jederzeit aus dem Regal nehmen und aufschlagen. Mein Wunsch war, dass *Corpus Delicti* jederzeit für alle Interessierten zugänglich sein sollte.

Eigentlich ist es ja ein ziemlich ungewöhnliches Vorhaben, aus einem Theaterstück einen Roman zu machen. Normalerweise läuft es eher umgekehrt.

Das stimmt. Aber für mich ist *Corpus Delicti* nie ein klassisches Theaterstück gewesen. Ich fühlte mich gar nicht als Theaterautorin. Der Text enthielt zum Beispiel keine Regieanweisungen, und hinter jedem gesprochenen Satz stand »sagte er« und »sagte sie«, wie in einer

Erzählung. Der Ursprungstext war eine Ansammlung von Prosafragmenten, durchmischt mit Dialogen. Im Grunde war der Weg vom Drama zum Roman also gar nicht so weit. Ich finde, man merkt *Corpus Delicti* immer noch deutlich an, dass es als Drama auf die Welt gekommen ist. Die kleinen Kapitel sind wie Szenen aufgebaut, die Handlung spielt meistens in geschlossenen Räumen, es sind relativ wenige Figuren beteiligt, und natürlich gibt es viele Dialoge. Eine Zeit lang habe ich überlegt, den Text lieber noch einmal komplett neu zu schreiben, vielleicht in der Form eines richtigen Thrillers. Aber mein Mann meinte, dass *Corpus Delicti* so, wie es auf die Welt gekommen ist, wahrscheinlich am besten funktioniert. Und mein Mann hat meistens recht.

III.

Die Grundidee:
Corpus Delicti als moderne Hexenjagd

Dann lass uns mal anfangen, über den Inhalt zu sprechen. Du hast erwähnt, dass die Ruhrtriennale ein Motto hatte, nämlich »Mittelalter«, und dass dein Text dieses Motto irgendwie bedienen sollte. War das Inspiration oder Hemmschuh? Welche Rolle spielt das Mittelalter für den Text?

Anfangs ging es mir vor allem darum, die Vorgaben meiner Auftraggeber zu erfüllen. Ich wollte keinen historischen Text schreiben und fühlte mich beim Thema Mittelalter auch nicht besonders kompetent. Meine Geschichte spielt deshalb nicht in der Vergangenheit, sondern vielmehr in der Zukunft, nämlich irgendwann »in der Mitte des 21. Jahrhunderts«, wie es am Anfang heißt. Einmal sagt Mia zu Kramer: »Das Mittelalter ist keine Epoche. Mittelalter ist der Name der menschlichen Natur.« Mit diesem Satz wollte ich klarstellen, dass *Corpus Delicti* sich weder mit der Vergangenheit noch mit der Zukunft beschäftigt, sondern auf Veränderungen in unserer heutigen Gesellschaft hinweisen will.

Als ich dann anfing, mich mit Motiven aus dem Mittelalter zu beschäftigen, vor allem mit der Figur der

Hexe und dem Phänomen der Inquisition, war ich plötzlich regelrecht elektrisiert. Das Motto meiner Auftraggeber entpuppte sich als geniale Inspiration. Auf einmal fand ich es wunderbar, eine Art moderner Hexenjagd zu schreiben. Es passte perfekt.

Erklär mal, was du an Hexen so faszinierend findest. Und was du mit moderner Hexenjagd meinst.

Die Hexe ist im Grunde eine Ausgestoßene. Sie wird aufgrund ihres Aussehens oder ihrer Lebensform oder einfach nur, weil sie Feinde hat, aus der Gemeinschaft ausgesondert. Man spricht ihr sogar die menschlichen Eigenschaften ab, was sie in gewissem Sinne vogelfrei macht. Man darf die Hexe verleumden, man darf sie anstarren, verfolgen, am Ende vielleicht sogar foltern oder töten. Sie ist wunderschön oder sehr hässlich, sie übt Faszination aus, und man hat Angst vor ihr. In Märchen und Geschichten leben Hexen oft außerhalb der menschlichen Gemeinschaft, zum Beispiel in einem kleinen Haus im Wald, wo sie ihre Tränke brauen und ihre Zauberkraft schulen. Natürlich waren die historischen Hexen in Wahrheit ganz normale Frauen. Im Rahmen der Hexenverfolgung mussten viele dieser Frauen völlig grundlos grausame Schicksale erleiden, weil die Inquisition sie zu Feinden der Gesellschaft erklärte.

Heutzutage ist die Figur der Hexe durch den »Staatsfeind«, den »Gefährder« oder »Terroristen« ersetzt. Es gibt viele Filme und Geschichten über Menschen – inzwischen meistens Männer –, die unschuldig ins Visier der Geheimdienste geraten. Ihnen werden die Bürgerrechte abgesprochen, man jagt sie als Staatsfeinde, sie müssen sich mit archaischen Methoden wehren. Im Grunde greifen die Regisseure und Autoren solcher Plots immer wieder das Motiv der Hexenverfolgung auf.

Auch Mia Holl wird in *Corpus Delicti* zur Staatsfeindin stilisiert. Nicht nur, weil sie sich einige Regelverstöße zuschulden kommen lässt, sondern vor allem, weil sie sich der Trauer um ihren toten Bruder hingibt. In einer Gesellschaft, die beschlossen hat, Glück zur Bürgerpflicht zu machen, werden negative Emotionen zur Bedrohung. Sie sind »gesundheitsschädlich«, und weil Gesundheit in der *Corpus-Delicti*-Welt nicht nur ein individueller, sondern auch ein gesellschaftlicher und politischer Wert ist, greift alles Gesundheitsschädliche den Staat in seinem innersten Wesen an.

Mia gerät ins Visier von Heinrich Kramer, der sie als Vertreter des Systems verfolgt, gleichzeitig auch benutzt, indem er eine Staatsfeindin aus ihr macht. Jedes System braucht Feindbilder, gegen die es sich abgrenzen und gemeinschaftlich verteidigen kann. Das schafft Identität. Insofern sind jede Hexe und jeder Staatsfeind immer auch eine Selbstbestätigung der Mehrheitsgesellschaft und der herrschenden Klasse. Man beweist die eigene Machtvollkommenheit, indem man sich das Recht nimmt, einzelne Individuen aus der Gemeinschaft zu verstoßen und für vogelfrei zu erklären. Gleichzeitig festigt man auf diese Weise die Bedeutung der gemeinsamen Werte. Erst durch echte oder vermeintliche Angriffe, durch die Notwendigkeit, sich zu verteidigen, spürt eine Gemeinschaft ihr Fundament.

Insofern ist die Hexenverfolgung tatsächlich keine »Epoche«, also nicht nur ein schrecklicher Vorgang aus alten Zeiten, um den sich viele Geschichten ranken. Sondern ein allgemeingültiges, zeitenübergreifendes Prinzip von Gesellschaftsbildung und Machterhalt. So spannend, dass es immer wieder neu erzählt wird.

Gibt es für die beiden Hauptfiguren Mia Holl und Heinrich Kramer direkte Vorbilder?

Ja, die gibt es tatsächlich, wobei ich vielleicht nicht von Vorbildern sprechen würde, sondern eher von Paten. Ich habe nicht versucht, den Charakter oder die Lebensgeschichte von bestimmten Personen aufzugreifen, aber ich verweise durch die Namen der Hauptfiguren auf zwei historische Personen, die etwas mit *Corpus Delicti* zu tun haben.

Maria Holl wurde in der Mitte des 16. Jahrhunderts bei Ulm geboren. Gemeinsam mit ihrem Mann eröffnete sie eine Gastwirtschaft in Nördlingen. Weil die Wirtschaft gut lief, hatte Frau Holl als Zugezogene in der neuen Stadt vermutlich einige Neider. Sie wurde wegen Hexerei angezeigt und am 2. November 1593 inhaftiert. Sie überstand 62 Folterungen, ließ sich zu keinem falschen Geständnis nötigen und kam am 11. Oktober 1594 durch das energische Eingreifen der Reichsstadt Ulm wieder auf freien Fuß. Am ehemaligen Gasthof »Goldene Krone« des Ehepaars Holl verweist heute ein Gedenkschild darauf, dass die Standhaftigkeit von Maria Holl unter der Folter zum Abklingen des Hexenwahns in Nördlingen beigetragen hat.

Der historische Heinrich Kramer wurde mehr als hundert Jahre vor Maria Holl, nämlich circa 1430, im Elsass geboren. Kramer stammte aus ärmlichen Verhältnissen, trat in den Orden der Dominikaner ein, studierte Latein und Philosophie und wurde schließlich Doktor der Theologie. Er ließ sich zum Inquisitor ernennen und veranlasste erste Hexenprozesse, bei denen er allerdings auf Widerstand des örtlichen Bischofs stieß, der von der Rechtmäßigkeit solcher Verfahren nicht überzeugt war. Daraufhin verfasste Kramer im Jahr 1486 den 700-seitigen »Hexenhammer«, eine Art Leitfaden für die Hexenverfolgung, der durch die aufkommende Buchdruckkunst große Verbreitung fand und verheerende Wirkung entfaltete. Das ziemlich konfuse und frauenfeindliche Machwerk definiert im ersten Teil die Verbrechen von Hexen, sammelt im zweiten Teil viele Beispiele von Hexentaten, die allerdings zu großen Teilen unter schrecklicher Folter »gestanden« wurden, und erklärt im dritten Teil, wie Hexenverfolgungen rechtspraktisch umzusetzen sind. Anhand von Beispielen werden detaillierte Regeln für die Durchführung der Prozesse aufgestellt. In der Hochphase der

Hexenverfolgung rühmte sich Kramer, mindestens 200 Hexen zur Strecke gebracht zu haben. Er galt als besessener Hexenhasser und war durch sein Standardwerk eine Zentralfigur der Inquisition.

Es gibt ein Kapitel mit dem Titel »Zaunreiterin«. Was muss man sich darunter vorstellen?

In diesem Kapitel wird Mia von der idealen Geliebten – zu der wir später noch kommen werden – gefragt, ob sie wisse, was eine Hexe sei. Mia zitiert die kindliche Vorstellung von einer alten Frau mit Buckel, die auf einem Besen reitet. Da erklärt ihr die ideale Geliebte, dass das Wort »Hexe« vom Begriff »Hagazussa« stammt. Ein Heckengeist. Ein Wesen, das auf Zäunen lebt. Der Besen sei ursprünglich eine gegabelte Zaunstange gewesen. Mia fragt, was das mit ihr zu tun habe. Daraufhin fasst die ideale Geliebte einen der wichtigsten Charakterzüge von Mia Holl zusammen: Sie sitzt zwischen den Stühlen. Sie kann sich nicht entscheiden. Ein Zaun oder eine Hecke sind Grenzen. Die Hexe lebt zwischen Zivilisation und Wildnis, zwischen Diesseits und Jenseits – sie gehört nirgendwo richtig dazu. Aus Sicht der idealen Geliebten ist auch Mia eine solche Grenzgängerin. Sie wandelt zwischen Körper und Geist, zwischen Ja und Nein, zwischen Glaube und Atheismus. Sie weiß nicht, zu welcher Seite sie gehört. Ihr Reich ist das *Dazwischen*. Damit wird sie zu einer Außenseiterin und zu einer gefährdeten Figur.

Hier wird ein wichtiges Hintergrundthema von *Corpus Delicti* angerissen. Es geht um eine Frage, die in allen meinen Texten eine Rolle spielt: Wie soll sich der moderne Mensch, der sich weitestgehend von Religion und anderen Wahrheitssystemen verabschiedet hat, überhaupt noch für etwas entscheiden? Kann man aus sich selbst heraus, aus der Individualität, überhaupt Gültigkeiten entwickeln? Oder sind wir als säkularisierte Einzelwesen dazu verurteilt, als Zaunreiter zu leben? Nicht zu wissen, wohin wir gehören, Unsicherheit zu empfinden und auf diese Weise den gesellschaftlichen Frieden immer weiter zu gefährden?

Diese Fragen kann ich zwar nicht beantworten, aber ich stelle sie immer wieder. Deshalb ist die Hexe in der Funktion als Zaunreiterin eine wichtige Figur für mich. Sie steht nicht nur für Mia Holl als potenzielle Staatsfeindin und Opfer einer Hexenjagd. Sie steht auch für die geistige Situation des postreligiösen Menschen im 21. Jahrhundert.

Das heißt, die Hexe ist für dich eine hochaktuelle Figur. Gilt das auch für den Inquisitor beziehungsweise für die Inquisition?

Ich habe ja schon erwähnt, dass die Figur der Hexe und das Prinzip ihrer Verfolgung eine Entsprechung im modernen Staatsfeind finden. Die mittelalterliche Inquisition ist nicht nur Ausdruck eines historischen Wahns, einer obsessiven, religiös motivierten Angst vor Teufelskult und Zauberei. Das Aussondern und Verfolgen von Menschen, die »anders« sind oder als »anders« definiert werden, ist eine epochenübergreifende Technik zur Herausbildung von Gruppenidentitäten und zum Etablieren von Macht. Ihre Wurzeln kann man schon auf Schulhöfen beobachten.

Der Philosoph Giorgio Agamben hat dieses Prinzip unter dem Stichwort »Homo sacer« eingehend untersucht. Der *homo sacer* ist der »heilige Mensch«, was auf den ersten Blick nach einer positiven Heraushebung klingt. Tatsächlich ist der *homo sacer* aber eine Rechtsfigur aus dem römischen Strafrecht, nämlich ein Vogelfreier, der von jedermann straflos getötet, aber nicht geopfert werden darf. Ein Betrüger konnte zum Beispiel als »sacer« gebannt werden. Danach gehörte er nicht mehr zur Gemeinschaft, er lebte in einem staatenlosen und rechtlosen Zustand, der ihn in »nacktes Leben« verwandelte, ihm also gewissermaßen die kulturell-zivilisatorischen Bindungen raubte und nur die biologischen Aspekte des Existierens übrig ließ. Der *homo sacer* ist nur noch Körper. Agamben sieht in dieser Allegorie eine Zentralfigur der totalitären Ideologien. Der *homo sacer* verkörpert einen Ausnahmezustand, den Herrschaftssysteme errichten können, wobei sie ihre unangreifbare Macht behaupten.

Vom umstrittenen Staatsrechtler Carl Schmitt, der sich im Dritten Reich für das NS-Regime engagierte, aber bis heute als bedeutender Rechtsphilosoph rezipiert wird, stammt die Definition, dass »souverän ist, wer über den Ausnahmezustand entscheidet«. Mit anderen Worten: Wahre Macht zeigt sich daran, ob man über die Gültigkeitsgrenzen der selbst gesetzten Regeln bestimmen kann. Es gibt das Sprichwort »Ausnahmen bestätigen die Regel«. Aber man kann noch weitergehen: Die Regel lebt nur von der Ausnahme. Ohne Ausnahme ist eine Regel gar nicht als solche erkennbar, sie wäre dann nur ein allgemeingültiges Prinzip, das keine Macht braucht, um etabliert zu werden. Das Aussondern von Einzelnen aus der Gemeinschaft ist der vielleicht drastischste Fall vom Herstellen einer Ausnahme. Ein Verfahren, um Regeln zu etablieren und zu stärken.

Klassischerweise und bis heute geht mit dem Aussondern einher, dass hemmungslos auf den Körper des Außenseiters zugegriffen werden darf. Und zwar nicht nur von marodierenden Privatpersonen, sondern auch von staatlichen Institutionen. Der oder die Ausgesonderte wird in einen Kerker oder ein KZ gesperrt, wird dort schlimmer gehalten als ein Stück Vieh, kann nach Belieben gefoltert oder auch getötet werden. So ist es den Hexen im Mittelalter ergangen, so wurden Millionen von Menschen durch die Totalitarismen des 20. Jahrhunderts gequält und getötet, und leider finden sich diese Praktiken auch noch innerhalb der modernen Demokratien des 21. Jahrhunderts, nämlich immer dort, wo demokratische Verfasstheit endet und die Machtausübung ins Totalitäre übergeht.

Seit dem 11. September 2001 ist es wieder üblich geworden, bestimmte Menschen als »Ausnahmefall« zu betrachten und ihnen eine »Sonderbehandlung« zukommen zu lassen. Der islamistische Terrorist ist kein normaler Schwerverbrecher, der nach den allgemeinen Regeln des Strafrechts verfolgt und entsprechend verurteilt wird. Er gilt als Staatsfeind, als »Gefährder«, für den andere Regeln gelten müssen als für »normale« Bürger. Eine Art Kriegsrecht, oder, wie der deutsche Strafrechtler und Rechtsphilosoph Günther Jakobs schon 1985 schrieb, ein »Feindstrafrecht«, das bestimmten Menschen die Bürgerrechte versagt und sie außerhalb der normalen Rechtsordnung stellt. Im Feindstrafrecht sind quasi alle Maßnahmen erlaubt, der Zweck heiligt die Mittel, es ist ein von rechtsstaatlichen Bindungen befreites Instrument der Gefahrenabwehr.

In Deutschland ist das Feindstrafrecht Gott sei Dank bislang eher eine Idee als geltende Praxis. Die USA gehen im »War on Terror« wesentlich weiter. Sie qualifizieren bestimmte Personen als »ungesetzliche Kombattanten«, die zum Beispiel im Lager Guantánamo ohne rechtsstaatliches Verfahren unbegrenzt festgehalten, ja sogar gefoltert werden können.

Aber auch in Deutschland fühlen sich immer mehr Menschen von Ideen angesprochen, die in diametralem Gegensatz zu Demokratie und Rechtsstaat stehen. Aufgrund überschießender Angst vor internationalem Terrorismus wird von Politikern und Rechtsexperten immer mal wieder darüber nachgedacht, ob man die demokratischen Rechte von Einzelnen nicht einschränken könne und müsse, wenn diese sich nicht wie »normale Bürger«, sondern gewissermaßen wie Krieger einer feindlichen Macht verhalten.

Was die Betreiber solcher Gedankenspiele oft vergessen, ist die zentrale Aussage von Carl Schmitt: Irgendjemand muss darüber entscheiden, für wen dieser Ausnahmezustand gelten soll, wer also ein Staatsfeind ist und wer nicht. Im demokratischen Rechtssystem dient das gerichtliche Verfahren dazu, erst einmal herauszufinden, ob etwas Ungesetzliches getan wurde. Bei den Befürwortern des »Feindstrafrechts« steht hingegen schon im Vorhinein fest, dass bestimmte Personen »Terroristen«, »feindliche Kombattanten« oder »Sympathisanten« sind – als ob sie ein Schild auf der Stirn trügen.

Rechtsstaatliche Prinzipien sind hier außer Kraft gesetzt, an die Stelle des Rechts ist Willkür getreten. Nach deutschem Verfassungsrecht gilt der Schutz der Menschenwürde für alle Personen und unter allen Umständen, niemand darf ausgesondert werden, auch dann nicht, wenn er möglicherweise Entsetzliches getan hat oder wenn er selbst behauptet, die deutsche Rechtsordnung abzulehnen. Diese absolute, ausnahmslose Geltung stammt aus den bitteren Erfahrungen mit den Totalitarismen des 20. Jahrhunderts. Indem *Corpus Delicti* einen modernen Inquisitor auftreten lässt, will es auf ganz aktuelle Probleme verweisen, nämlich auf die immer noch vorhandenen totalitären Neigungen innerhalb unserer demokratischen Systeme.

IV.

Die METHODE

Ich würde jetzt gern den konkreten Plot genauer anschauen. Fangen wir mal vor der eigentlichen Story an. Die *Corpus-Delicti*-Welt wird ja von der sogenannten METHODE geprägt, einem Herrschaftssystem, das Gesundheit absolut setzt. Hast du dir überlegt, wie es dazu gekommen ist?

Ehrlich gesagt habe ich beim Schreiben kaum darüber nachgedacht, welche konkreten politischen Entwicklungen dem Entstehen der METHODE vorangegangen sind. Es hat mich einfach nicht besonders interessiert. Das liegt wahrscheinlich daran, dass *Corpus Delicti* für mich gar nicht in der Zukunft spielt. Es ist eher eine Überspitzung von Denkweisen und Handlungsformen, die in unserer heutigen Welt bereits existieren. Die METHODE ist die politische Antwort auf die verbreitete Überzeugung, dass Gesundheit »das höchste Gut« des Menschen sei. Aus der Vorstellung, der Mensch sei im Wesentlichen eine Körpermaschine, ein Stück biologisches Leben, das man verwalten, betreuen und verbessern muss, um seine Arbeitsfähigkeit und sein Wohlbefinden zu optimieren, folgt automatisch ein Politikverständnis, das vor allem auf Kontrolle und Steuerung von Lebensgewohnheiten fußt.

Auch das sinkende Interesse der Bevölkerung an Demokratie und politischer Mitgestaltung ist eine Folge dieser Idee. Wenn man sich als Designer des eigenen Lebens fühlt und ständig dazu aufgerufen ist, an der Perfektionierung und Präsentation der eigenen Person zu arbeiten, wird man zu einem Ich-Universum. Damit geht zwangsläufig die soziale Dimension des Menschseins immer weiter verloren. Man hat heutzutage vielleicht viele Kontakte, viel Kommunikation – aber man lebt doch eigentlich zunehmend nur für sich selbst, während die vielen »Freunde« eher ein Publikum darstellen, vor dem man sich präsentiert, oder Wettbewerber, mit denen man sich in vielfältigen Rankings vergleicht.

Wenn der Gemeinschaftssinn schwindet und die Gesellschaft eigentlich nur noch eine Bündelung von lauter Einzelkämpfern ist, verliert auch Politik an Bedeutung. Dann wird Politik für den Bürger zu einem Unterhaltungsprogramm, das möglichst viel Aufregung generieren muss. Oder zu einer Bedürfniserfüllungsmaschine, die entweder funktioniert oder nicht. Im letzten Fall müsste man sie optimieren – oder abschaffen. Wozu soll man sich eigentlich weiterhin ein Parlament leisten, das in umständlichen, teuren und ineffizienten Verfahren um das Finden von Kompromissen ringt? Viel pragmatischer wäre doch ein Expertengremium, in dem sich richtig fähige Leute mit dem Entwickeln von perfekten

Lösungen und einer optimalen Verwaltung des Staates befassen.

Dieser Gedankengang liegt der METHODE zugrunde, und ich glaube, dass es sich nicht um Science-Fiction handelt. Bestimmt würde eine Menge Leute heute schon der METHODE zustimmen, wenn sie eine reale Option wäre. Mit anderen Worten: Die Vorgeschichte von *Corpus Delicti* sind wir.

Warum revoltieren die Bürger im Roman nicht irgendwann gegen die METHODE? Sie ist doch ein Überwachungsstaat, in dem totale Kontrolle des Einzelnen herrscht. Den Menschen wird sogar ein Chip unter die Haut gepflanzt, um sie ständig beobachten zu können.

Sie wollen es ja so. Das ist das Schlimme. Sie halten Überwachung für sinnvoll, vielleicht sogar für die einzig sinnvolle Antwort auf die Natur des Menschen. Wenn man den Menschen im Grunde als unvernünftiges Wesen betrachtet, also die Idee des mündigen Bürgers für reine Fiktion hält, folgt daraus, dass man wie bei kleinen Kindern ein System aus Kontrolle und sanfter Anleitung entwickeln muss, um die Leute auf dem richtigen Weg zu halten. Und scheint es nicht in der Tat so, dass sich die Menschen unsinnig verhalten, sich selbst und anderen Schaden zufügen, Fehler begehen, ungesund leben, ihre Probleme nicht lösen und sich vollkommen ineffizient organisieren?

Im 17. Jahrhundert betrachtete der englische Staatstheoretiker und Philosoph Thomas Hobbes den Menschen »als Wolf des Menschen«, also als eine permanente Bedrohung für seine Artgenossen. Selbst wenn man nicht so weit gehen will, kann man nicht aus der grassierenden Unfähigkeit unserer Spezies auf die Notwendigkeit eines starken Staats schließen, der das Verhalten seiner Bürger zu ihrem eigenen Besten steuert und sie, wenn nötig, mit mindestens sanftem Druck in vernünftige Bahnen lenkt?

Diese Auffassung ist inzwischen ziemlich weit verbreitet. Im Zuge meines Engagements für den Erhalt bürgerlicher Freiheiten stoße ich immer wieder auf die gleiche Haltung: »Warum soll ich gegen Überwachung sein, wenn ich nichts zu verbergen habe? Es ist doch gut, wenn sich der Staat um die Sicherheit und Gesundheit seiner Bürger kümmert! Alle diese neuen Maßnahmen dienen doch guten Zwecken. Dem Kampf gegen den Terrorismus oder der Seuchenbekämpfung oder der Optimierung unserer Lebensverhältnisse, zum Beispiel durch Personalisierung von Konsum, Nachrichten, medizinischen Angeboten. Ich sehe da vor allem die Vorteile.«

Traurigerweise scheint uns demgegenüber der Sinn für den Wert von Privatsphäre und persönlicher Freiheit verloren zu gehen. Bei der Kommunikation in sozialen Netzwerken betreiben die Menschen zum Teil ein erschreckendes Ausmaß an Selbstentblößung. Es stört sie nicht mehr, beobachtet zu werden; im Gegenteil haben sie das Gefühl, sich ständig zeigen zu müssen. Insofern gehe ich davon aus, dass die Bürger in *Corpus Delicti* in schönstem Einverständnis mit ihrer Staatsform leben. Von wenigen Ausnahmen abgesehen, zu denen zum Beispiel Mias Bruder Moritz gehört.

Bitte erläutere noch mal genauer, was die METHODE ist.

Die METHODE ist eine politische Theorie, maßgeblich entwickelt von Heinrich Kramer, die es geschafft hat, im *Corpus-Delicti*-Staat politische Realität zu werden. Die METHODE besagt, dass staatliche Macht nur legitimierbar ist, wenn sie sich dem Prinzip der höchsten Vernunft unterstellt.

Heinrich Kramer hat ein Buch geschrieben unter dem Titel »Gesundheit als Prinzip staatlicher Legitimation«. Am Anfang des Romans erklärt er Mia seine Staatstheorie mit folgenden Worten:

»Unsere Gesellschaft ist am Ziel. Im Gegensatz zu allen Systemen der Vergangenheit gehorchen wir weder dem Markt noch einer Religion. Wir brauchen keine verstiegenen Ideologien. Wir brauchen nicht einmal den bigotten Glauben an eine Volksherrschaft, um unser System zu legitimieren. Wir gehorchen allein der Vernunft, indem wir uns auf eine Tatsache berufen, die sich unmittelbar aus der Existenz von biologischem Leben ergibt. Denn *ein* Merkmal ist jedem lebenden Wesen zu eigen. Es zeichnet jedes Tier und jede Pflanze und erst recht den Menschen aus. Deshalb erheben wir es zur Grundlage der großen Übereinkunft, auf die sich unsere Gesellschaft stützt. Es ist der unbedingte, individuelle und kollektive Überlebenswille.«

Etwas später im Verlauf der Handlung erklärt Mia, die ja immer eine überzeugte Anhängerin der METHODE war, vor Gericht:

»Ein Staat muss dem natürlichen Streben der Menschen nach Leben und Glück dienen. Anders ist Herrschaft nicht legitimierbar. Es muss gelingen, das persönliche und das allgemeine Wohl zur Deckung zu bringen.«

Die METHODE beruht also auf der Idee, dass staatliches Handeln dann legitim ist, wenn es sich auf ein von allen geteiltes, gemeinsames Interesse gründet, also an etwas anknüpft, das alle wollen oder wollen müssten, weil es für alle Menschen gilt und in diesem Sinne absolut ist. Dieses Allgemeine, Absolute ist der Körper, genauer gesagt: die körperliche Unversehrtheit, das lange Leben, der Überlebenstrieb.

Denn im Geist sind wir Individuen, jeder ein bisschen anders, mit unterschiedlichen Bedürfnissen, Wünschen, Träumen und Leiden. Biologisch hingegen sind wir in gewisser Weise alle gleich – jedenfalls, wie Heinrich Kramer sagt, insofern, als wir alle lieber gesund als krank sein wollen und die Schmerzfreiheit den Schmerzen vorziehen. Die METHODE begründet also eine Herrschaft, die nur ein Ziel kennt: die Gesundheit der Einzelnen und die des Volkskörpers zu optimieren.

Und was ist der Unterschied zu Heute?

Es gibt viele Unterschiede zwischen der METHODE und dem Gesellschaftssystem, wie wir es heute kennen. Einen will ich herausheben: Demokratie setzt sich zum Ziel, jedem Einzelnen einen Freiraum zu schaffen, in welchem er seine Individualität so weit wie möglich ausleben und sich selbst verwirklichen kann. Die METHODE hingegen sieht in persönlicher Freiheit eine Bedrohung für die allgemeine Sicherheit. Sie lässt nur »vernünftige« Wünsche und Bedürfnisse gelten, und das sind solche Wünsche, die dem Erhalt und der Verbesserung von biologischem Leben dienen. Da der einzelne Mensch im Normalfall nicht über medizinisches und biologisches Expertenwissen verfügt, weiß er gar nicht, was wirklich gut für ihn ist. Die METHODE hingegen bedient sich stets der neuesten wissenschaftlichen Erkenntnisse, um das Wohlbefinden der Bürger optimal zu unterstützen. Sie kann viel besser als der Einzelne entscheiden, welche individuelle Ernährung, welche sportliche Betätigung, welche Ruhephasen dem Erhalt der Gesundheit am besten dienen. Aus dieser überlegenen Expertise folgen für die METHODE das Recht und die Pflicht, den Alltag der Bürger genauestens zu regulieren. Sämtliche biologische Lebensfunktionen müssen ständig gemessen und evaluiert werden, das Verhalten der Bürger muss auf das jeweilige Gesundheitsprofil abgestimmt sein. Kramer formuliert es folgendermaßen:

»Zu diesem Zweck haben wir unseren Staat hochkomplex organisiert, komplexer als jeden anderen vor ihm. Unsere Gesetze funktionieren in filigraner Feinabstimmung, vergleichbar dem Nervensystem eines Organismus.«

Die METHODE ist also ein Überwachungssystem, das Unmengen von biologischen Daten sammelt und auswertet, also letztlich auch ein Algorithmen-Staat, der überzeugt ist, man könnte vernünftiges politisches Handeln quasi errechnen und über die errechnete Optimierung ohne Weiteres legitimieren.

Immer wieder fällt in der Presse in Bezug auf *Corpus Delicti* der Begriff »Gesundheitsdiktatur«.

Vielleicht kann man die METHODE so nennen. Aber das Besondere an dieser »Diktatur« ist, dass sich die Bürger gar nicht unterdrückt fühlen. Sie leben im Grunde wie in einem riesigen Wellnesshotel, in dem ihnen alles vorgegeben ist und sie kaum noch Verantwortung für sich selbst tragen. Anstatt ihre Freiheit zu vermissen, glauben sie, genau auf diese Weise Freiheit gewonnen zu haben. Sie verwechseln Freiheit – die stets eine Menge Verantwortung nach sich zieht – mit Verantwortungsfreiheit und lassen sich in ein infantiles Stadium von Menschsein zurücksinken. Die METHODE weiß alles besser, die METHODE passt auf sie auf. Im Grunde können sich die Bürger im Methodenstaat entspannen wie kleine Kinder, deren Gesundheit und Wohlbefinden Sache der Eltern ist.

Wie ist der Methodenstaat denn organisatorisch aufgebaut?

Im *Corpus-Delicti*-Staat gibt es einen Methodenrat, der Gesetze erlässt und wichtige Entscheidungen für die Gesellschaft trifft. Der Präsident des Methodenrats ist die höchste Instanz. Er ist es auch, der Mia Holl am Ende begnadigt. Weiterhin existiert ein Justizsystem, das vom Aufbau her dem unseren gleicht, aber anderen Zwecken dient, nämlich vor allem der Überwachung und Disziplinierung der Bürger im Sinne der METHODE.

Der Methodenschutz ist ein Geheimdienst, der das Funktionieren des Staats überwacht und sich mit Staatsfeinden auseinandersetzt. Dann gibt es noch die Sicherheitswacht, welche Polizeibefugnisse innehat. Die Presse wird repräsentiert durch die Zeitungen »Gesunder Menschenverstand« und »Was alle denken«. Sie ist komplett gleichgeschaltet. Heinrich Kramer, der als Vordenker und Mitentwickler der METHODE im ganzen Land berühmt ist, arbeitet als Journalist für »Gesunder Menschenverstand«.

Erwähnenswert ist vielleicht noch das System der Wächterhäuser. Diese besonderen Mehrfamilienhäuser sind Musterbeispiele von organisierter sozialer Kontrolle, Ausprägungen einer Gesellschaft, die gelernt hat, sich selbst zu überwachen. Die in Wächterhäusern lebenden Bürger halten sich besonders streng an die Hygienevorschriften, übernehmen staatliche Aufgaben, zum Beispiel beim Messen von Luftwerten oder bei der Müll- und Abwasserkontrolle, und erhalten dafür Vergünstigungen in Form von Rabatten auf Wasser und Strom. Selbstverständlich achten die Nachbarn in solchen Wächterhäusern besonders wachsam aufeinander und sind bereit, kleinste Verstöße gegen die Gesundheitspflichten sofort zu melden. Man könnte sagen: Es sind Denunziantenkommunen. Wobei die Bewohner der Wächterhäuser natürlich sicher sind, nur zum Besten ihrer Mitbürger zu handeln, weshalb sie sich nicht als Verräter, sondern als Helfer und Beschützer fühlen.

Gilt die METHODE im ganzen Land?

Am Anfang des Romans wird gesagt, dass die Geschichte inmitten von »zusammengewachsenen Städten« spielt. Meine Vorstellung war, dass die METHODE auf einem riesigen urbanen Territorium etabliert wurde, vielleicht als eine Art »Stadtstaat im Staat«, und dass sie dabei ist, sich immer weiter auszudehnen, vielleicht sogar über Landesgrenzen hinweg. Als ich später gemeinsam mit dem Regisseur Stefan Schaller und meinem Mann David Finck am Drehbuch für eine Verfilmung von *Corpus Delicti* schrieb, stellten wir uns die Welt der METHODE als eine riesige »gated community« vor, innerhalb derer die Bürger nach strengen Gesundheitsregeln leben, während die Welt draußen zunehmender Verwahrlosung preisgegeben ist.

Hast du beim Konzipieren der Handlung auf Faktentreue geachtet? Ist beispielsweise der Plot-Twist mit der Leukämie medizinisch denkbar?

Tatsächlich habe ich mich bemüht, innerhalb der fiktiven *Corpus-Delicti*-Welt die Regeln der Logik zu beachten. Eigentlich ist alles, was in *Corpus Delicti* geschieht, aus naturwissenschaftlicher Sicht möglich, genauer gesagt, es passiert schon irgendwo auf der Welt. So tragen zum Beispiel bereits mehrere tausend Menschen in Schweden Mikrochip-Implantate unter der Haut, die ihnen als Personalausweise oder Eintrittskarten fürs Fitnesscenter dienen. Auch ist es tatsächlich möglich, dass ein Mensch nach einer erfolgreichen Stammzellentransplantation zwei verschiedene genetische Identitäten entwickelt, so dass es bei forensischen Untersuchungen zu Fehlern und im schlimmsten Fall auch zu einem Justizirrtum kommen könnte. Ebenso ist das Einfrieren eines Menschen möglich, und es gibt heute schon Menschen, die sich »kryonisieren« lassen, weil sie fest daran glauben, dass es in Zukunft eine Technik geben wird, die sie aufgetaut weiterleben lässt. So gesehen sind die Vorgänge in *Corpus Delicti* keine phantastische Zukunftsmusik, sondern eher die gedankliche Verlängerung von Technologien, die heute schon zur Anwendung kommen.

Ich möchte noch ein paar Fragen zum Ende der Geschichte stellen. Warum sagt Mia kurz vor der letzten Gerichtsentscheidung, in der sie zum Einfrieren auf unbestimmte Zeit verurteilt wird, dass sie »trotzdem gewonnen« hat?

Das bezieht sich auf einen inneren Sieg. Mia hat sich geistig aus den Fängen der METHODE befreit und genau das getan, was ihr Bruder Moritz und auch die ideale Geliebte immer von ihr wollten: Sie hat angefangen, zu sich selbst zu stehen und Verantwortung für ihr eigenes Leben zu übernehmen. Auch wenn das in ihrer Situation nur heißt, dass sie sich entscheidet, das Einfrieren als Segen statt als Strafe zu betrachten. Das ist ihre Freiheit – das ist unser aller Freiheit: selbst zu bestimmen, wie wir die Welt betrachten wollen. Genau diese Freiheit nimmt die METHODE ihren Bürgern, indem sie ein Bewertungssystem vorgibt, das für alle zu jeder Zeit festlegt, wie die Dinge zu beurteilen sind.

Mia hat die Folter überstanden, sie hat sich den Chip aus der Haut geschnitten, sie hat sich nicht von Heinrich Kramer kleinkriegen lassen. Durch ihre Stärke hat sie einen Volksaufstand verursacht, obwohl sie das gar nicht wollte. Sie hat sich zu der Trauer um ihren Bruder bekannt, sie hat den Justizirrtum aufgedeckt, sie hat sich über den kleingeistigen Rosentreter erhoben. Auch wenn die METHODE sie zum Opfer macht, fühlt sich dieser Augenblick im Gerichtssaal für Mia wie ein Sieg an.

Warum wird Mia am Ende begnadigt?

Am Ende zeigt die METHODE, dass ihre Macht noch viel weiter geht als alles, was Mia Holl bislang erfahren hat. Die METHODE kann nicht nur beliebig verurteilen, sie kann auch beliebig begnadigen. Dieser Akt der Willkür führt bei Mia zum finalen Zusammenbruch. Sie hatte gerade angefangen, sich als Siegerin zu fühlen, sie hatte beschlossen, hoch erhobenen Hauptes in den Gefriertod zu gehen. Indem sie sich von dem löste, was die METHODE den Menschen unterstellt – nämlich ein unbedingtes Anhaften am biologischen Leben –, wurde sie geistig frei. Durch Begnadigung und Überweisung in ein Sanatorium, das man wohl als Umerziehungslager ansehen kann, wird Mias neu erwachtem Selbstbewusstsein, ihrer Menschwerdung erst einmal wieder der Boden unter den Füßen weggezogen.

Dieser Versuch einer psychischen Vernichtung der Delinquentin Mia Holl ist viel perfider, als wenn die METHODE sie tatsächlich eingefroren hätte. Für die METHODE ist die »Begnadigung« eine kalte Strategie des Machterhalts. Indem sie ihre Widersacherin leben lässt, kann sie täglich aufs Neue ihre Macht über sie beweisen. Souverän ist, wer über den Ausnahmezustand entscheidet – die METHODE kann nicht nur Ausnahmen machen, sie kann auch Ausnahmen von der Ausnahme machen und immer so fort. Würde der Staat Mia Holl zu Tode foltern oder einfrieren, könnte sie in den Augen der Öffentlichkeit zur Märtyrerin werden, zu einer Galionsfigur des aufkeimenden Widerstands, hinter der sich immer größere Gruppen von Revolutionären versammeln.

Durch die Begnadigung hingegen wird Mia zu einer Kranken, einer Verwirrten, der man helfen muss und die im Sanatorium vielleicht auf den rechten Weg der Gesundheit zurückgebracht werden kann. So triumphiert die METHODE über eine Person, die entdeckt hat, dass sie sich außerhalb des staatlich verordneten Denksystems stellen kann, um ihre persönliche Freiheit wiederzugewinnen.

Ist das nicht ein ziemlich pessimistisches Ende?

Bei allen meinen Romanen gibt es Uneinigkeit unter den Lesern, ob es sich beim jeweiligen Schluss um ein düsteres oder glückliches Ende handelt. Erst neulich traf ich wieder eine Leserin, die mir sagte, sie finde es so toll, dass alle meine Bücher hoffnungsvoll enden würden. Andere fragen mich, warum ich die Geschichten immer so negativ ausgehen lasse.

In meinem poetologischen Text »Treideln« habe ich mich schon einmal mit dieser Frage auseinandergesetzt, indem ich über die fiktive Hauptfigur Treidel schrieb:

»Mit ziemlicher Sicherheit steht allerdings fest, dass [Treidel] am Ende völlig am Ende sein wird. So enden meine Hauptfiguren immer. Manche Leser empfinden das als deprimierend. Dabei zünde ich immer ein kleines Hoffnungslämpchen an. Erst nach dem totalen

Scheitern ist der Mensch in der Lage, Verantwortung für sich selbst zu übernehmen. Das Ende des Romans ist der Anfang für das eigentliche Leben der Figur.«

Am Ende von *Corpus Delicti* gibt es aus meiner Sicht eine Reihe von guten Nachrichten. Die beste lautet: Nicht der Körper, sondern der Geist prägt unsere Identität als Menschen. Diese Tatsache macht uns frei. Wir können unter allen Umständen, und seien sie noch so schrecklich, immer wieder zu uns selbst finden. Diese geistige Stärke wächst in uns ein Leben lang. Sie wächst an den Herausforderungen, die uns gestellt werden. Ein System wie die METHODE wird deshalb keine Zukunft haben. Eine Weile werden sich die Bürger darauf einlassen, weil ihnen die Idee eines schmerzfreien, störungsfreien Lebens verlockend erscheint. Bald aber werden sie herausfinden, dass der Mensch zur Freiheit und nicht zur Sklaverei geboren ist. Die Fähigkeit zum Schmerz macht uns zu Menschen und bringt uns immer wieder ins Zentrum unserer Kraft zurück. Auch wenn die Schrecken der Weltgeschichte etwas anderes vermuten lassen – der Mensch ist ein soziales, moralfähiges, auf das Gute gerichtetes Wesen. Das Schädigen von anderen beruht beim Menschen in den allermeisten Fällen nicht auf einem Willen zum Bösen, sondern auf einem eklatanten Mangel an Empathie. Deshalb ist Aufklärung und nicht Unterdrückung der Weg in eine immer bessere Gesellschaft.

Diese Erkenntnis, die ich hier so abstrakt formuliere, wird von Mia im Lauf der Geschichte entdeckt und am

Ende tief empfunden. Selbst wenn sie in der letzten Szene am Boden zerstört ist – ich bin sicher, sie wird schon bald zu neuer Stärke finden.

Ist das Ende eindeutig, oder handelt es sich um ein »offenes Ende«, das verschiedene Deutungen zulässt?

Ich finde das Ende eigentlich eindeutig, jedenfalls in dem Sinne, dass klar ist, was zum Schluss passiert. Mia wird erst verurteilt und dann begnadigt, was eine beispiellose Machtdemonstration der METHODE darstellt und zudem der Verhinderung einer Märtyrerfigur dient. Mia überlebt, muss aber damit zurechtkommen, dass ihr die METHODE nicht einmal den Tod gönnt und sie bis auf Weiteres in ein »Sanatorium« sperren wird.

Aber wie das so ist, als Autor hat man wenig Einfluss auf die Lesart der Rezipienten, und das ist gerade das Geniale an Literatur. Wenn ein Leser das Ende als offen empfindet und im Anschluss an die Lektüre darüber nachdenkt, was da zum Schluss eigentlich genau passiert – umso besser. Ich habe immer wieder erfahren, dass ein Buch so viele Romane enthält, wie es Leser gibt. Plus einen weiteren, den der Autor geschrieben hat. Durch jeden neuen Leser kommt ein neuer Text in die Welt. Für mich ist das im wahrsten Sinne des Wortes wundervoll – nämlich voller Wunder.

V.

Die Protagonisten

Warum hast du eine Frau als Protagonistin gewählt?

Gute Frage. Eigentlich mag ich in meinen eigenen Büchern männliche Hauptfiguren lieber. Ich finde es einfacher, mich in das Denken und Fühlen eines Mannes hineinzuversetzen als in das einer Frau. Ich bin schon oft gefragt worden, warum das so sei, aber ich kann dazu keine klare Antwort geben. Vielleicht denke ich selbst eher »wie ein Mann«, was auch immer das bedeuten mag. Oder vielleicht ist es genau umgekehrt, und die Erfindung einer männlichen Hauptfigur ermöglicht mir eine gewisse Distanz, die ich zum Erzählen brauche.

Interessanterweise sind ausgerechnet in den beiden Romanen mit starkem politischem Hintergrund, die ich bislang geschrieben habe, nämlich in *Corpus Delicti* und in *Leere Herzen*, die jeweiligen Hauptfiguren weiblich. Mia Holl und Britta Söldner. Vielleicht sind Frauen zurzeit in gewisser Weise die attraktiveren Thriller-Heldinnen. Man sieht auch in Hollywood-Filmen, dass mehr und mehr Action-Heldinnen entwickelt werden, während es bis vor Kurzem in »harten« Filmen überwiegend männliche Protagonisten gab. Hollywood zeigt, was die Menschen sehen wollen. Entsprechend sind die Filme immer auch Spiegel des Zeitgeistes. Die Rolle der Frau ist seit den sechziger Jahren des letzten Jahrhunderts einem riesigen Entwicklungsschub unterworfen, was sie für das dramatische Erzählen besonders interessant macht. Auf Bühne und Leinwand entsteht Dramaturgie durch eine Entwicklung des Helden oder der Heldin von der Schwäche zur Stärke. Genau diese Entwicklung vollzieht das weibliche Geschlecht heute in der westlichen Welt, wenn auch natürlich mit sehr vielen Verwerfungen. Möglicherweise sind Thriller deshalb momentan so häufig »weiblich«.

Aber das ist eine These, die ich gerade entwickele, während ich versuche, die Frage zu beantworten. Sie hat nichts mit den Entscheidungen zu tun, die ich während des Schreibens getroffen habe. Trotzdem ist man als Autorin immer auch ein Seismograph für soziale Veränderungen, ob man will oder nicht. Es kann also durchaus sein, dass die Entscheidung über das Geschlecht einer Hauptfigur bei mir nicht nur persönliche, sondern indirekt auch gesellschaftlich-kulturelle Gründe hat.

Könntest du mal versuchen, Mia zu charakterisieren?

Mia ist ein sehr angepasster Mensch. Sie ist vernünftig, rational, kopfbetont. Eine Frau, die immer das Für und Wider abwägt und versucht, durch Nachdenken zu richtigen Entscheidungen zu kommen. Ihr Bruder Moritz, der emotional, spontan, temperamentvoll und naturverbunden ist, hat ihr immer vorgeworfen, dass sie zu echten Gefühlen gar nicht fähig sei. Er behauptete, sie könne das Wort »Liebe« nicht einmal aussprechen, ohne dass ihre Stimme dabei schrill werde. Moritz wollte immer, dass Mia aus sich herauskommt, dass sie ihre wahren Bedürfnisse entdeckt und irgendwie lebendiger wird. Aber sie ist eben nicht so lebensfroh und sprunghaft wie er. Sie fühlt sich in einem ruhigen, geregelten Alltag am besten aufgehoben.

Deshalb hat sie anfangs auch keine Probleme mit der METHODE. Als Naturwissenschaftlerin weiß Mia, dass die Prämissen, nach denen die METHODE funktioniert, korrekt sind. Das ganze System ist mit ungeheurer Expertise ausgearbeitet und mit viel Geld auf den neuesten Stand der Wissenschaft gebracht worden. Es ist in höchstem Maße »vernünftig«, weshalb Mia sich bestens damit identifizieren kann. Sie verspürt keinen Drang zum Widerstand, zur Aufmüpfigkeit, zum »Anderssein«. Eher hat sie immer versucht, ihren Bruder zu bremsen, der dazu neigte, sich mit seiner eigenwilligen Art in Schwierigkeiten zu bringen.

Damit verkörpert Mia einen Typus, der mir in unserer modernen Welt sehr häufig begegnet: Menschen, die so vernünftig sind und so sehr versuchen, keine Fehler zu machen, dass sie kaum noch wissen, was am Leben schön sein soll. Perfektionismus und Kontrollzwang stehen der Lebensfreude im Weg.

Warum bekommt Mia dann doch Schwierigkeiten mit der METHODE?

Mia wollte sich nie mit der METHODE anlegen. Sie war kein politischer Mensch und hatte kein Interesse daran, sich gegen den Staat zu stellen. Aber als ihr Bruder Moritz sich im Gefängnis umbringt, gerät sie völlig aus der Bahn. Auf einmal hat sie nicht mehr die Kraft, sich an alle Vorgaben der METHODE zu halten und ihre vielen alltäglichen Gesundheitspflichten zu erfüllen. Die Trauer um Moritz verlangt eine neue Auseinandersetzung mit dem Leben und mit sich selbst, und dazu bräuchte Mia einfach nur Ruhe und Zeit. Das will die METHODE jedoch nicht einsehen. Das System fängt an, Mia mit Maßnahmen zu gängeln, um sie auf den rechten Weg zurückzuführen. Weil Mia das nicht erträgt, wird sie zur Revolutionärin wider Willen. Am Anfang gerät sie unfreiwillig in die Fänge des Justizsystems. Später wird sie von Heinrich Kramer und der METHODE zur Staatsfeindin aufgebaut, da jedes System von Zeit zu Zeit einen Gegner braucht, um seine Stärke zu beweisen.

Mia ist also nicht von Anfang an eine Widerstandskämpferin. Wie es bei klassischen Helden oft ist, muss sie sich selbst erst kennenlernen, ihre Grenzen und Stärken entdecken, bevor sie zu kämpfen beginnt.

Du hast schon erzählt, dass Moritz für Mia ein wichtiger Bezugspunkt ist. Wie ist die Beziehung der beiden?

Moritz war definitiv der wichtigste Mensch in Mias Leben. Auch wenn er ihr vorgeworfen hat, dass sie nicht wisse, was Liebe sei – ihren Bruder hat Mia wirklich geliebt. Die beiden sind ganz gegensätzliche Charaktere, aber gerade deswegen war ihr Verhältnis so eng. Am Rande erfährt man, dass Moritz in seiner Kindheit an Leukämie erkrankt war. Was eine solche Krankheit im Rahmen der METHODE bedeutet, kann man sich in etwa ausmalen. Das System hat sich quasi über die Familie gestülpt, um den Schandfleck möglichst schnell zu bereinigen. Tatsächlich wurde Moritz geheilt, und diese Erfahrung hat die Geschwister weiter zusammengeschweißt. Auch wenn sie daraus ganz unterschiedliche Schlüsse gezogen haben. Für Mia hat die METHODE ihre gute Seite bewiesen, weil sie den Bruder mithilfe riesiger Datenbanken und obligatorischer Spenden durch eine Knochenmarkstransplantation retten konnte. Für Moritz hat die Erfahrung der Todesnähe dazu geführt, dass sein Lebenshunger umso größer geworden ist und er die METHODE als Unterdrückungssystem begreift. Über solche Fragen haben Mia und Moritz ständig gestritten. Aber das tat ihrer tiefen Liebe keinen Abbruch.

Die merkwürdigste Figur in *Corpus Delicti* ist die ideale Geliebte. Eine nackte Frau, die auf Mias Couch sitzt und für alle außer Mia unsichtbar ist. Was hat es denn damit auf sich?

Viele Leser wundern sich über die ideale Geliebte, was ich gut verstehen kann. Als eine Art Hirngespinst oder Halluzination passt sie eigentlich gar nicht in die *Corpus-Delicti*-Welt und schon gar nicht zu Mia, die immer so rational und bodenständig sein will. Wahrscheinlich ist die ideale Geliebte genau deshalb in den Text hineingeraten – als irrationales Element, das das Bedürfnis der Menschen nach Träumen und Phantasien hochhält, während außen herum alles berechnet wird.

Für mich selbst ist die ideale Geliebte genauso irrational wie für Mia, denn ursprünglich hatte sie mit *Corpus Delicti* gar nichts zu tun. Es gab sie schon in meinem Kopf, lange bevor ich angefangen habe, an *Corpus Delicti* zu arbeiten. Sie ist mir einfach eines Tages eingefallen: eine Art weiblicher Geist, unsichtbar für alle bis auf eine Person, auf deren Couch sie sitzt. Die ideale Geliebte verlässt dieses Sofa niemals. Sie ist immer da, steht immer zur Verfügung. Man kann sich bei ihr Liebe und Zuspruch abholen, und sie gehört einem ganz allein. Ich habe mir die ideale Geliebte immer üppig, nackt und rothaarig vorgestellt, ein bisschen wie eine Jugendstilfigur von Gustav Klimt. Oder wie eine bezaubernde Hexe.

Als ich dann anfing, mich mit *Corpus Delicti* zu beschäftigen, spürte ich plötzlich: Hier ist der Ort, an dem die ideale Geliebte ein Zuhause finden wird. Hier gehört sie hin, zu Mia, die ja nach Moritz' Tod ganz allein auf der Welt ist.

Im Roman wird erklärt, dass die ideale Geliebte ursprünglich Moritz gehörte, der ja ein richtiger Frauenheld war. Vielleicht könnte man sagen, dass sie seine Idealfrau war, eine Phantasie, die er immer mit sich herumtrug. Als er plante, sich umzubringen, hat er die ideale Geliebte Mia »geschenkt«. Er hat also seine Vorstellung von Liebe, Zweisamkeit und Erfüllung an seine Schwester weitergegeben. Auf diese Weise ist die ideale Geliebte eine Art Stellvertreterin von Moritz geworden. Sie steht Mia bei, ist ihre Gesprächspartnerin und Freundin, aber sie provoziert Mia auch immer wieder, genau wie Moritz es getan hat. Sie sorgt dafür, dass Mia ihren Bruder nicht vergisst und dass Moritz' Auftrag weitergeführt wird, nämlich Mia dazu zu bringen, ihre Emotionalität zu entdecken und sich von der total verkopften Naturwissenschaftlerin zu einem lebensfrohen, gefühlsbetonten Menschen zu entwickeln.

Für das Theaterstück hatte die ideale Geliebte auch eine handwerkliche Funktion. Es gibt Szenen, in denen Mia allein zu Hause ist. Durch die Anwesenheit der idealen Geliebten können diese Szenen dialogisch aufbereitet werden. In den Gesprächen mit der Dame auf der Couch legt Mia ihre Gefühle und Gedanken offen. Abgesehen davon sorgt die ideale Geliebte immer mal wieder für komische Momente.

Wo wir gerade bei schwierigen Figuren sind – Heinrich Kramer war für mich beim Lesen auch nicht immer leicht zu verstehen. Könntest du seinen Charakter und seine Weltsicht einmal erklären?

Kramer ist ein kluger, kaltblütiger, sehr arroganter, gut aussehender und erfolgreicher Mann, der seine Denkfähigkeit über alles stellt und überzeugt davon ist, dass ihm niemand in intellektueller Hinsicht das Wasser reichen kann. Er stellt sich über die Moral, weil er sich selbst für zu schlau hält, um irgendwelchen altmodischen Vorstellungen von »gut und böse« anzuhängen. Eigentlich glaubt er an gar nichts, hat sich aber der METHODE angeschlossen, weil er weiß, dass jeder Mensch eine Orientierung braucht. Er braucht Leitlinien, denen er folgen kann, und ein System, innerhalb dessen er gegebenenfalls zu Erfolg und Macht gelangt. Als Journalist ist Kramer daran gewöhnt, andere Menschen durch rhetorische Tricks zu überzeugen. Er liebt Aufmerksamkeit und lässt sich gern anhimmeln, besonders von Frauen. Als er auf Mia trifft, ist er fasziniert davon, einer Frau zu begegnen, die ihm Paroli bietet und die er als intellektuellen Sparringspartner ernst nehmen kann.

Würdest du sagen, dass Kramer etwas mit Mia gemeinsam hat?

Ja, sogar einiges. Auch Mia ist ein Kopfmensch und ständig in den zahllosen Widersprüchen der menschlichen Existenz gefangen. Für sie ist die ganze Welt »ambivalent«, denn sie weiß als Denkerin, dass man alles von mehreren Seiten betrachten kann, dass es kein falsch und richtig gibt, kein gut und böse, nicht mal groß und klein, denn immer hängt alles von der Perspektive, von der Relation zu anderen Dingen und von menschlichen Bewertungen ab.

Auch Kramer ist ein kopflastiger Typ und kennt deshalb die innere Zerrissenheit, die sich aus ständiger Grübelei ergibt. Er hat verstanden, dass diese tiefe Orientierungslosigkeit eine Folge des Gottesverlustes ist. Denn wenn es keinen Gott gibt, der absolute Werte setzt, bestimmte Wahrheiten postuliert, Regeln und Sichtweisen verordnet, dann löst sich die Welt in einem Orkan der Beliebigkeit auf, in dem sich der Mensch selbst verankern und seinen Platz finden muss.

Allerdings hat Heinrich Kramer aus diesen Zusammenhängen andere Schlussfolgerungen gezogen als Mia. Im Text heißt es in Bezug auf ihn:

»Wer offen zugibt, dass Glauben und Wissen für ein beschränktes Wesen wie den Menschen dasselbe sind; wer fordert, dass sich die Wahrheit deshalb der Nützlichkeit zu ergeben habe – der muss wohl ein Nihilist in Reinkultur sein.«

Kramer hat sich entschieden. Er hat sich für eine Welt entschieden, in der alles dem Prinzip der Nützlichkeit gehorcht. Also der METHODE. Kramer ist ein Ideologe und Dogmatiker, aber nicht aus Verblendung, sondern als Folge eines ganz bewussten Entschlusses. Wenn man tatsächlich nichts sicher wissen, sondern immer nur glauben kann, dann muss man eben unverbrüchlich glauben, mit ganzer Kraft. Kramer glaubt an die ME-THODE, ohne sie für absolut richtig oder auch nur für besser als andere Denksysteme zu halten. Er hat sich einfach von den Kategorien »richtig und falsch«, »gut und böse« usw. verabschiedet. Mit anderen Worten: Er betrachtet sich als einen amoralischen Menschen und orientiert sich eher an den Parametern von »funktioniert« und »funktioniert nicht«.

Und wie ist die Beziehung zwischen Mia und Kramer?

Im Roman gibt es ein ganzes Kapitel, das »Ambivalenz« heißt. In dieser Szene beobachtet Mia, wie Kramer ihr eine Tasse heißes Wasser serviert und in dieser kleinen Handlung völlig aufzugehen scheint. Er widmet sich mit voller Hingabe den unscheinbarsten Dingen. In diesem Augenblick glaubt Mia, dass sie sich in Heinrich Kramer verlieben könnte. Er ist berühmt und sieht gut aus, aber das ist es nicht, was sie an ihm fasziniert. Es ist seine innere Ruhe, seine totale Entschiedenheit. Sie glaubt, dass hinter dieser Gelassenheit eine ebenso geplagte Seele wohnt, wie sie selbst eine ist. Sie fühlt sich Kramer nahe, sie meint, dass sie einander tief im Herzen ähnlich sind. Zwei Wesen, die ganz existenziell an der Verlorenheit des Individuums leiden.

Ich glaube, dass auch Kramer diese Verbundenheit spürt. Auch er ist von Mia fasziniert, vielleicht liebt er sie sogar, falls ein Egomane wie er zu einem solchen Gefühl überhaupt fähig ist. An einer späteren Stelle im Roman betont er, dass Mia und er »immunologisch kompatibel« wären, was in der METHODE eine rechtliche Voraussetzung dafür darstellt, dass zwei Menschen eine Liebesbeziehung miteinander eingehen dürfen.

Zugleich aber fühlt sich Mia von Kramer abgestoßen. Wie alles in ihrem Leben unterliegt auch diese Beziehung der Ambivalenz. Wenn man Kramer aus einer anderen Perspektive betrachtet, dann »wäre [er] keine Ikone der Unbedingtheit, sondern bloß ein mächtiges Streben mit einer leeren Mitte. Ein Schnüffler. Eine lächerliche Figur.«

Der Verlauf der Handlung macht Mia und Kramer zu erbitterten Gegnern. Gewollt oder ungewollt stehen sie auf verschiedenen politischen Seiten. Kramer ist ein bedingungsloser Verteidiger der METHODE, Mia wird zunehmend zur METHODEN-Gegnerin. Trotzdem bleibt der gegenseitige Respekt, die Anziehungskraft zwischen den beiden Figuren erhalten. Beide sind verliebt in intellektuelle Brillanz, in die eigene und in die des jeweils anderen. Als Mia am Ende eingefroren werden soll, wählt sie Heinrich Kramer als Begleitperson. Aus meiner Sicht macht sie das nicht nur, um ihm eins auszuwischen und ihn direkt mit den Folgen seiner Agitation zu konfrontieren. Sondern auch, weil sie sich seine Anwesenheit im vielleicht existenziellsten Augenblick ihres Lebens tatsächlich wünscht. Hass und Liebe, Feindschaft und Freundschaft gehen bei Mia und Kramer Hand in Hand.

Gibt es für Heinrich Kramer Vorbilder, literarisch oder im echten Leben?

Auf den historischen Heinrich Kramer, der den »Hexenhammer« schrieb, habe ich vorhin schon hingewiesen. Aber die historische Figur war kein Vorbild für Kramers Charakter, eher ein thematischer Bezugspunkt. Da Kramer eine ziemliche Überhöhung darstellt, eine Art intellektuellen Superhelden, gibt es im wirklichen Leben kein direktes Vorbild für ihn. In der Literatur dafür umso mehr. Er hat ein bisschen was von James Bond, vom großen Gatsby, und vor allem hat er Vorbilder, oder besser: Vorläufer, in meinen eigenen Romanen. In *Spieltrieb* ist mit Alev eine jugendliche Version von Heinrich Kramer aufgetaucht – ein brillant argumentierender, gut aussehender Verführer, der andere Menschen stets für seine Zwecke zu instrumentalisieren versucht. Der sich selbst über die Moral stellt und kaum zu echten Beziehungen fähig ist. Und in *Schilf* gab es Oskar, über den genau wie über Kramer gesagt wird, dass er überall die Blicke anderer Menschen auf sich zieht, weil er Intelligenz und raubtierhafte Eleganz zu einer ganz besonderen Aura vereint. Anders als Kramer und Alev ist Oskar allerdings ein hochmoralischer Mensch, was er aber ganz gut zu verbergen weiß.

Alle diese Figuren sind mephistophelische Typen. Im *Doktor Faustus* von Thomas Mann gibt es einen Teufel, der dandyhaft auftritt und sophistisch argumentiert. So eine Sorte Satan steckt auch in Heinrich Kramer und allen seinen Vorläufern.

Eine Zeit lang dachte ich, dass eine Variation dieses Typs immer wieder in meinen Romanen auftauchen würde. Die Figur schien mich regelrecht zu verfolgen. Seit *Corpus Delicti* hat er sich aber nicht mehr bei mir gemeldet, was vermutlich bedeutet, dass er in seiner Ausprägung als Heinrich Kramer endlich Frieden gefunden hat.

Würdest du sagen, dass Mia autobiographische Züge hat?

Das kann ich nicht leugnen. Wobei »autobiographisch« natürlich nicht bedeutet, dass ich etwas Ähnliches erlebt hätte wie Mia. Aber es gibt gemeinsame Charakterzüge, Ähnlichkeiten in der Persönlichkeit. Ich fühle mich manchmal auch als kopflastiger Mensch, der sich immer wünscht, eine lockerere, spontanere, leichtere Lebensart zu pflegen. Genau wie Mia leide ich oft unter der Wertungsbeliebigkeit, die sich aus einer säkularen Weltbetrachtung ergibt. An guten Tagen kann ich die Beliebigkeit als Freiheit empfinden, als etwas

Positives, wie auch Mia es am Ende erlebt. Immerhin können wir Menschen selbst entscheiden, ob wir zum Beispiel einen heftigen Regenguss als Fluch oder als Segen erleben wollen – und diese Freiheit in der Betrachtungsweise gilt im Grunde für alles, was uns zustößt. Das ist wunderbar, es ist das große Geschenk der Aufklärung, die uns zu Herren über unser eigenes Leben gemacht hat.

Aber an schlechten Tagen ist die Ambivalenz eine Last für mich. Manchmal macht es mich traurig, fast schon depressiv, dass es unmöglich ist, eine gesicherte Erkenntnis auch nur über die kleinsten Details zu erlangen. Dass man immer wieder darauf angewiesen ist, selbst zu entscheiden, wie man die Dinge einordnen möchte. Dann wünsche ich mir einen Gott, einen übermächtigen Vater oder einen Heinrich Kramer, der sagt: So und so ist es, und jetzt Schluss mit allem Zweifeln und Hadern!

Selbst die Ambivalenz ist für mich also ein ambivalenter Gegenstand – ähnlicher könnten Mia und ich uns an dieser Stelle gar nicht sein!

Was mich ebenso mit Mia verbindet, ist ein gewisser Wunsch nach Harmonie, nach einem ruhigen und friedlichen Leben. Mia ist keine geborene Revolutionärin, sie hat keine Freude daran, Unruhe zu stiften und sich den herrschenden Gegebenheiten zu widersetzen. So geht es mir auch. Ich werde häufig als ein sehr politischer Mensch wahrgenommen, bin aber eigentlich keine kämpferische Natur. Auch wenn ich stark für die persönliche Freiheit eintrete, verstehe ich sehr gut, warum Mia der Verführungskraft einer METHODE erliegt, die ein störungsfreies, schmerzfreies Leben verspricht und den Menschen alle Entscheidungen abnimmt.

Aber hier enden dann auch die Ähnlichkeiten zwischen mir und meiner Hauptfigur. Anders als Mia bin ich zum Beispiel sehr naturverbunden. Ich lebe in einem Dorf, ich habe Kinder, ich liebe Tiere und genieße es, möglichst viel im Freien zu sein. Mia fände das bestimmt schrecklich, besonders, wenn es geregnet hat und ein verdreckter Hund dreimal durchs Haus rennt, bevor es einem gelingt, die Türen zu schließen.

Ist Mia am Ende eine Wahnsinnige, eine Fanatikerin oder eine Märtyrerin? Und welche Konsequenzen hätten die unterschiedlichen Deutungen?

Wahnsinnig ist sie am Ende auf keinen Fall. Mia als Wahnsinnige zu sehen würde bedeuten, dass es ein schreckliches Ende ist – Mia hätte dann gegen die METHODE verloren und ihren Verstand eingebüßt.

Fanatisch passt aus meiner Sicht auch nicht. Wäre sie eine Fanatikerin, dann dürfte man sie als politische Kämpferin nicht ernst nehmen, sondern müsste sagen, dass eigentlich die METHODE recht hat und Mia eine Terroristin ist, der man das Handwerk legen muss.

Vielleicht ist sie eine Märtyrerin, aber das ist wahrscheinlich eher etwas, das die Öffentlichkeit über sie sagen würde, nicht sie selbst – und ich eigentlich auch nicht. Als Märtyrerin hätte sie eine Art Opferrolle, sie würde dann ihr Leben hingeben, um einer größeren und guten Sache zu dienen.

Aus meiner Sicht passt keiner dieser Begriffe. Mia ist eine Frau, die eine Reihe von Schicksalsschlägen erlitten und sich dabei sehr verändert hat. Sie ist politisch geworden, hat sich ihrem Widersacher gestellt und zu sich selbst gefunden. Vielleicht ist sie am Ende tatsächlich vor allem eine Siegerin.

Ich denke, jeder Leser und jede Leserin wird vermutlich zu einer anderen Deutung kommen, je nachdem wie er oder sie die Handlung des Romans verstanden hat.

Wie würdest du Moritz charakterisieren? Gibt es vielleicht auch für ihn ein literarisches Vorbild?

Man könnte Moritz vielleicht mit Goldmund in Hermann Hesses *Narziss und Goldmund* vergleichen. In diesem Roman entwickelt Hesse zwei Figuren, die als Gegensatzpaar jeweils nach der Vervollkommnung ihrer Person streben. Narziss ist ein Geistesmensch, Goldmund sucht Erfüllung im Ausleben seiner Sinnlichkeit. Er führt ein unstetes Leben mit vielen Liebschaften, immer wieder getrieben von der Sehnsucht nach neuen Reizen, während Narziss im Kloster versucht, seinen Geist durch Askese zu vertiefen.

Ähnlich wie Goldmund sieht Moritz den Sinn seiner Existenz im Durchleben von möglichst intensiven Erfahrungen. Er unterhält Beziehungen zu verschiedenen Frauen, wozu er die staatlich organisierte Partner-vermittlung der METHODE missbraucht. Aber auch in der Natur, im Rausch, in der Euphorie begegnet Moritz sich selbst und fühlt sich lebendig. Aus seiner Sicht ist seine Schwester Mia, die sich anpasst und an Routinen festhält, auf dem Holzweg. Immer wieder versucht er in Streitgesprächen, ihr seine Auffassung nahezubringen. Das klingt dann zum Beispiel so:

»Im Gegensatz zum Tier kann ich mich über die Zwänge der Natur erheben. Ich kann Sex haben, ohne mich vermehren zu wollen. Ich kann Substanzen kon-sumieren, die mich für eine Weile von der sklavischen Ankettung an den Körper erlösen. Ich kann den Über-lebenstrieb ignorieren und mich in Gefahr bringen, al-lein um den Reiz der Herausforderung willen. Dem wahren Menschen genügt das Dasein nicht, wenn es ein bloßes Hier-Sein meint. Der Mensch muss sein Da-sein *erfahren*. Im Schmerz. Im Rausch. Im Scheitern. Im Höhenflug. Im Gefühl der vollständigen Machtfülle über die eigene Existenz. Über das eigene Leben und den eigenen Tod. Das, meine arme, vertrocknete Mia Holl, *ist* Liebe.«

Natürlich kann er Mia nicht überzeugen, denn sie ist ein völlig anderer Mensch als er. Genauso wenig kann sie ihn von seinen Eskapaden abhalten. Aber obwohl die beiden Geschwister so viel streiten und so gegensätzlich sind – sie stehen in tiefer Verbindung zueinander und scheinen sich tatsächlich gegenseitig zu komplettieren, wie es bei Narziss und Goldmund der Fall ist.

Was bedeutet es, dass er Leukämie hat?

In einem System wie der METHODE ist eine solche Krankheit mit einem Schwerverbrechen zu vergleichen, auch wenn den Kranken natürlich eigentlich keine Schuld daran trifft. Als Heinrich Kramer von Moritz' Erkrankung erfährt, sagt er: »Einmal krank, immer krank. Das prägt.«

In gewisser Weise ist Moritz also stigmatisiert. Zwar hat die METHODE ihn geheilt, indem sie eine Stammzellentransplantation für ihn organisierte. Aber man kann davon ausgehen, dass die ganze Familie eine harte Zeit durchlaufen hat, in der sie ständig mit gesellschaftlicher Ächtung, vielleicht sogar mit Ausweisung aus dem System rechnen musste.

Über die Einzelheiten von Moritz' Erkrankung wird im Roman nichts erzählt. Man hört auch fast nichts vom Familienleben in der Zeit, als Mia und Moritz noch Kinder waren. In kleinen Rückblenden erfährt man, dass es im Grunde eine glückliche Kindheit war, dass Mia und Moritz sich damals schon gut verstanden haben und Moritz schon als kleiner Junge sehr tierlieb und naturverbunden war – was in der METHODE aus hygienischen Gründen als problematische Veranlagung gilt. Die Erkrankung ist ein schwarzer Fleck in der Familiengeschichte. Die METHODE hat versucht, dieses Vorkommnis aus den Akten zu tilgen, denn das Auftreten von Leukämie ist auch ein Schandfleck für das System, das ja durch Erbuntersuchungen und Zuchtauswahl – man darf innerhalb der METHODE seinen Partner nicht frei aussuchen – das Auftreten solcher Defekte zu vermeiden versucht.

Im Verlauf der Handlung bekommt die Leukämie-Erkrankung eine wichtige Bedeutung, da sie Ursache für Moritz' Inhaftierung ist. Er hatte eine Verabredung mit einer Frau, die kurz darauf ermordet aufgefunden wird. Man findet seine DNA an dem Opfer und nimmt ihn daraufhin in Haft.

Im Nachhinein kann Mia mit Hilfe ihres Anwalts Rosentreter beweisen, dass Moritz durch die Stammzellentransplantation zwei genetische Identitäten hatte, von denen eine mit der des Knochenmarkspenders identisch ist. Dieser andere Mann hatte den Mord in Wahrheit begangen. Moritz saß also tatsächlich unschuldig in Haft. Die METHODE hat einen Justizirrtum verursacht, was einen unerhörten Skandal und ein großes Politikum darstellt. Die METHODE ist nicht mehr unfehlbar.

Warum bringt sich Moritz um?

Für Moritz ist ein Leben in Gefangenschaft nicht zu ertragen. Ganz egal, wie sein Prozess wegen des vermeintlichen Mordes ausgegangen wäre – die METHODE hätte ihn gewiss nie wieder aus ihren Fängen entlassen. Wenn er nicht im Gefängnis geendet wäre, dann vermutlich in einem »Sanatorium«. Da für Moritz nicht nur die geistige, sondern vor allem auch die körperliche

Freiheit Grundlage seines ganzen Selbstbilds ist, wäre das Leben in einer Zelle für ihn schlimmer gewesen als der Tod.

Die Möglichkeit eines Selbstmords war für ihn stets Teil seines Freiheitsverständnisses. Aus seiner eigenen Sicht hat er das als Kind während seiner Leukämie-Erkrankung gelernt: Wer der Sterblichkeit nicht ins Gesicht sehen und sie akzeptieren kann, wird niemals frei, sondern immer ein Sklave seiner Vergänglichkeit sein. Viel besser ist es, sich zum Chef über sein eigenes Leben und den eigenen Tod zu machen, indem man Selbstmord nicht als etwas Ungeheuerliches, Undenkbares, sondern als eine reale Option begreift. In einem seiner Streitgespräche mit Mia sagt er:

»Ja, ich kann mich umbringen. Nur wenn ich mich auch für den Tod entscheiden kann, besitzt die Entscheidung zugunsten des Lebens einen Wert! […] Um frei zu sein, darf man den Tod nicht als Gegenteil des Lebens begreifen. Oder ist das Ende einer Angelschnur das Gegenteil der Angelschnur?«

Mia erwidert scherzhaft: »Nein, aber das Ende vom Fisch.«

Sie ist es, die Moritz die Angelschnur ins Gefängnis bringt, mit der er sich erhängt. Indem sie ihm zum Selbstmord verhilft, der letztlich auch ihr eigenes Leben zerstört, beweist sie ihre tiefe, alles überstrahlende Liebe zu ihrem Bruder.

Leidet Mia an Schuldgefühlen, weil sie Moritz beim Suizid geholfen hat?

Sie selbst würde das wahrscheinlich abstreiten. In ihrer vermeintlichen Rationalität würde Mia sagen, dass sie ihrem Bruder einen Dienst erwiesen hat, dass es ihre loyale Schwesterpflicht war, Moritz ein Werkzeug für seinen Freitod ins Gefängnis zu bringen, weil er auf diese Weise seine Würde wahren konnte. Aber Mia leidet heftig am Verlust ihres Bruders und natürlich auch daran, dass sie selbst zu diesem Verlust beigetragen hat. Vielleicht ist auch das ein innerer Weg, den sie gehen muss: ihr schlechtes Gewissen loslassen und erkennen, dass nicht sie, sondern die METHODE Schuld am Tod von Moritz trägt.

Kommen wir zu einem Protagonisten, der gar nicht richtig in Erscheinung tritt, sondern als geheimnisvolle Gruppe im Untergrund sein Unwesen treibt – jedenfalls laut Heinrich Kramer. Was bedeutet R. A. K.?

R. A. K. bedeutet »Recht auf Krankheit«, und natürlich ist es kein Zufall, dass diese Abkürzung an die »RAF« erinnert, also an die Rote Armee Fraktion, die als linksterroristische Gruppierung ab 1970 über 30 Morde in der Bundesrepublik beging. Allerdings ist die R. A. K., anders als die RAF, keine klassische Terrorgruppe. Es wird nicht einmal richtig klar, ob sie tatsächlich Terroranschläge verübt. In einem Fernsehinterview beschreibt Heinrich Kramer die Gruppe so:

»Die Angehörigen der R. A. K. sind keine Geisteskranken. Nicht einmal Außenseiter, Gescheiterte oder Unterprivilegierte. Wir haben es mit normalen, durchaus intelligenten Menschen zu tun. Die R. A. K. ist keine Form organisierter Kriminalität, sondern ein Netzwerk. Die Methodenfeinde stehen in lockerer Verbindung zueinander, was die Bedrohung noch größer macht. Zufälligkeit und Chaos in der Struktur verschafft der Gesamtbewegung fast eine Art Unangreifbarkeit.«

Im Weiteren führt Kramer aus, dass die R. A. K.-Anhänger einer veralteten Freiheitsideologie aus dem 20. Jahrhundert folgen und nicht begreifen, dass die METHODE eine zwingende Weiterentwicklung des aufklärerischen Gedankenguts ist und als die größte Errungenschaft der Menschheitsgeschichte betrachtet werden muss. Die »Anti-Methodisten« sind laut Kramer Reaktionäre, die sich zurücksehnen in eine Zeit, in der Menschen noch elendig an allen möglichen Krankheiten zugrunde gegangen sind. Kramer erklärt diese Entwicklung damit, dass die Erinnerung an die Lebensformen des 20. Jahrhunderts mit all ihren Schrecken langsam verblasst. Ein Mensch, der bereits innerhalb der METHODE geboren ist, kann sich gar nicht mehr vorstellen, was Krankheit und körperliche Schmerzen bedeuten, und kommt deshalb gar nicht erst auf die Idee, die METHODE als freiheitsfeindlich zu kritisieren und zu bekämpfen.

Im Grunde zitiert Kramer hier Überlegungen, die auch auf post-demokratische Entwicklungen der letzten Zeit passen würden: Weil viele Menschen die Segnungen der Demokratie inzwischen als selbstverständlich betrachten und gar nicht mehr verstehen, wie viele der Annehmlichkeiten ihres täglichen Lebens auf unserer aktuellen Staatsform beruhen, entwickeln sie Sehnsüchte nach autoritären Herrschaftsformen.

Vielleicht ist es wirklich so, dass Menschen nicht in der Lage sind, das Gute über einen langen Zeitraum zu bewahren, weil sie sich auf eine Weise daran gewöhnen, die sie den Wert des Errungenen nicht mehr erkennen lässt. Möglicherweise folgt daraus ein kollektiv-psychologischer Mechanismus, der es sehr schwierig macht, gesellschaftlichen Frieden über mehrere Generationen hinweg zu bewahren. Womit ich nicht sagen will, dass die METHODE etwas Gutes ist. Sondern dass Kramers Argumentationen einen wahren Kern treffen.

Warum hast du diese Terrorgruppe oder dieses Widerstandsnetzwerk in den Roman eingebaut?

Jedes System hat Gegner. Zu jedem Innen gehört ein Außen; zur METHODE gehören die Anti-Methodisten von der R. A. K. Das System braucht Feinde, um sich immer wieder stabilisieren zu können. In *Corpus Delicti* taucht die R. A. K. gar nicht konkret auf, im Grunde ist diese Gruppierung nur eine rhetorische Figur von Heinrich Kramer. Immer wieder verweist er in den Medien darauf, dass die METHODE von Feinden bedroht wird und sich mit aller Härte beweisen muss. Indem er Mia zur Methodenfeindin und R. A. K.-Anhängerin stilisiert, schafft er einen öffentlichen Präzedenzfall, der sowohl die Existenz der R. A. K. als auch die Überlegenheit der METHODE über diese Gruppierung beweist. Die R. A. K. ist also ein wichtiger Bezugsrahmen für Mias Aussonderung als Staatsfeindin.

Soll das heißen, dass die R. A. K. gar nicht wirklich existiert?

Ich denke, es ist so, wie Kramer selbst sagt: Die R. A. K. ist ein lockeres Netzwerk von Freidenkern, die an der Legitimität der METHODE zweifeln und vor allem geistigen Sprengstoff liefern. Ob es in der Vergangenheit jemals zu Anschlägen kam, wird nicht klar. Kramer behauptet, dass solche Anschläge durchaus geplant werden und der Methodenschutz diese immer wieder verhindert. Aber ob das stimmt? Das Wirken des Methodenschutzes ist komplett intransparent.

Klar wird im Roman auch nicht, ob gegen Ende aufgrund von Mias Fall tatsächlich eine Radikalisierung der R. A. K. stattfindet oder ob auch das nur ein Horrorszenario aus Kramers demagogischem Zauberkasten ist. An dieser Stelle bin ich nicht klüger als die Leser. Es ist ein fatales Merkmal auch von Sicherheitsdiskursen in der realen Welt, dass man über den tatsächlichen Grad der Bedrohung eigentlich nichts weiß. Erstens weil Bedrohung sowieso schwer messbar und meist vor allem ein Gefühl ist. Zweitens weil Geheimdienste eben geheim sind und man deshalb sehr wenig von ihrer Arbeit erfährt. Das wollte ich in *Corpus Delicti* anhand des Phänomens der R. A. K. darstellen.

Das heißt, es geht in *Corpus Delicti* auch um den Antiterrorkampf, den wir seit dem 11. September 2001 erleben.

Bei der Erfindung der R. A. K. habe ich zwar nicht an islamistische Terroristen gedacht. Aber als ich dann über Kramers Umgang mit dem wirklichen oder vermeintlichen Terrorismusproblem schrieb, habe ich immer wieder Anleihen bei der politischen Rhetorik seit dem 11. September 2001 genommen.

Im Roman schreibt Heinrich Kramer einen Zeitungsartikel unter der Überschrift »Bedrohung verlangt Wachsamkeit«, in dem er das Phänomen des Schläfers erklärt und die Bürger ziemlich explizit zu gegenseitigem Misstrauen, Bespitzelung und Denunziation auffordert. Dieser Zeitungstext zeigt in seiner Zuspitzung, wie das mediale und politische Jonglieren mit apokalyptischen Visionen und Feindbildern das gesellschaftliche Klima vergiften kann. Die Aussage von Heinrich Kramer, dass die Detonation einer »schmutzigen Bombe« keine Frage des »Ob«, sondern nur des »Wann« sei, stammt direkt aus dem realen Sicherheitsdiskurs rund um islamistischen Terrorismus.

Aus meiner Sicht sind viele der bedauerlichen und bedenklichen politischen Entwicklungen der vergangenen Jahre – anwachsende Fremdenfeindlichkeit, gesellschaftlicher Unfrieden, Misstrauen gegenüber Politikern und demokratischen Institutionen, Anschläge aus dem rechtsextremen Milieu – unter anderem Folge einer aggressiven politischen und medialen Rhetorik, an die wir uns seit dem 11. September 2001 gewöhnt haben. Das permanente Denken in Bedrohungsszenarien hat die Bevölkerung nachhaltig verunsichert. Das Ausmachen von Feindbildern aus dem islamischen Kulturraum hat der wachsenden Ausländerfeindlichkeit Vorschub geleistet. Natürlich muss Terrorismus aus egal welcher politischen Richtung bekämpft und möglichst verhindert werden. Aber was wir hätten vermeiden müssen, ist die rhetorische Ausschlachtung von Bevölkerungsängsten zur kurzfristigen Profilierung von einzelnen Politikern, zum Durchbringen neuer Sicherheitsgesetze oder zum Generieren von medialen Aufmerksamkeits-Hypes. Das ist ein fahrlässiger Umgang mit der Öffentlichkeit, die sich nun zunehmend in ein Pulverfass verwandelt. Das Beispiel von Heinrich Kramer in *Corpus Delicti* zeigt, wie man es auf keinen Fall machen sollte.

VI.

Einflüsse

Jetzt würde ich gern ein paar Fragen zu verschiedenen Einflüssen auf den Text stellen. Fangen wir mal mit Jura an – warum kommt im Text eine Richterin vor, und warum steht ein Urteil am Anfang?

In gewissem Sinn ist *Corpus Delicti* ein Gerichtsdrama. Der Plot entwickelt sich entlang der verschiedenen Instanzen eines behördlichen Verfahrens gegen Mia Holl. Auf dem Umschlag des Buchs steht unter dem Titel *Corpus Delicti* nicht »Roman«, sondern »Ein Prozess«. Das hat verschiedene Gründe. Zum einen habe ich Jura studiert, weshalb es mir naheliegt, meine Geschichten in der Welt der Rechtspflege anzusiedeln oder zumindest immer mal wieder eine Figur mit rechtswissenschaftlichem Hintergrund ins Spiel zu bringen. In meinem ersten Roman *Adler und Engel* ist die männliche Hauptfigur Anwalt, in *Spieltrieb* bildet ein Gerichtsverfahren die Rahmenhandlung, und in *Nullzeit* hat der Protagonist Sven ein abgebrochenes Jurastudium hinter sich.

Darüber hinaus schien mir bei *Corpus Delicti* die Form einer Gerichtsverhandlung für ein Theaterstück besonders geeignet. Ein Gerichtssaal ist ein abgeschlossener Raum, in dem die anwesenden Personen ganz bestimmte Rollen spielen. Man könnte sagen, dass jeder Prozess für sich genommen schon eine Form der Inszenierung darstellt. Auf Bühne oder Leinwand wirkt diese Doppelfunktion von Gerichtsverhandlungen – Rechtsfindung und Performanz – besonders eindrucksvoll. Deshalb bin ich auch ein großer Fan von Justizfilmen wie *Die Jury* oder *Kramer gegen Kramer* (!).

Auch die Idee, eine moderne Hexenjagd zu schreiben, legte es nahe, dem Prozessualen eine zentrale Rolle einzuräumen. Und schließlich geht es in *Corpus Delicti* ja auch darum zu zeigen, wie ein staatliches System, das behauptet, alles Erdenkliche zum Wohl seiner Bürger zu tun, zu einer Diktatur mutiert, wenn es rechtsstaatliche Grundsätze außer Acht lässt. Aus all diesen Gründen steht die Verurteilung von Mia Holl als Terroristin am Anfang und am Ende der Romanhandlung.

Corpus Delicti erzählt also auch etwas darüber, wie wichtig Rechtsstaatlichkeit für eine Demokratie ist.

Demokratie und Rechtsstaat sind untrennbar miteinander verbunden. Wenn das Recht nicht gleichermaßen für alle gilt, egal, ob reich oder arm, mächtig oder schwach, wenn sich also die Eliten dem Zugriff der Justiz entziehen können, gerät ein System aus der Balance und kann nur noch durch Repression aufrechterhalten werden. Gesellschaftlicher Frieden ist dann nicht mehr möglich.

Seit Neuestem verkünden rechtspopulistische Stimmen immer wieder, unser Rechtsstaat sei degeneriert oder krank. Auch wenn das jetzt nicht direkt mit *Corpus Delicti* zu tun hat – ich möchte an dieser Stelle einmal deutlich sagen, dass solche Aussagen ebenso falsch wie gefährlich sind. Unser Rechtssystem ist eines der besten der Welt, und es werden Tag für Tag enorme Anstrengungen darauf gerichtet, dass das so bleibt. Wir müssen immer wieder klarstellen, was ein Rechtsstaat ist und was sein Funktionieren oder Nicht-Funktionieren ausmacht. Immer mehr Bürger neigen dazu, ihre persönliche Unzufriedenheit für ein politisches oder gar rechtliches Problem zu halten. Das heißt, wenn ihnen etwas nicht gefällt, dann glauben – oder behaupten – sie, die Demokratie sei dysfunktional, das politische Personal unfähig oder der Rechtsstaat kaputt. Dieses falsche Misstrauen vergiftet die Stimmung in ganz Europa und schlägt sich in den Wahlerfolgen rechtspopulistischer Parteien nieder.

Noch präsenter als das Rechtssystem ist in *Corpus Delicti* das Thema Biopolitik. Beziehst du dich da auf bestimmte Vordenker?

Während ich *Corpus Delicti* schrieb, habe ich mich mit Texten von Michel Foucault und Giorgio Agamben auseinandergesetzt. Weitere Essays zu Themen wie Biopolitik, Selbstoptimierung und »Quantified Self« gehörten zur gedanklichen Vorbereitung. Mit der Regisseurin Friederike Heller tauschte ich mich intensiv über den *Zauberberg* von Thomas Mann aus, der eine der wichtigsten literarischen Auseinandersetzungen mit den Themen Krankheit und Tod darstellt.

Okay, das sind gleich drei große Zusammenhänge auf einmal. Fangen wir allgemeiner an: Warum interessierst du dich überhaupt für Biopolitik?

Die zunehmende Körperfixiertheit unserer Gesellschaft irritiert mich schon lange, ja, sie macht mir Angst. Das Denken und Handeln der Menschen dreht sich immer stärker um Gesundheit, Fitness, Schönheit, Ernährung, Jugendlichkeit und so weiter. Politik, Wirtschaft und Medien schlachten diesen Trend aus. Ich finde das schwer erträglich. Ich kann einfach die Vorstellung nicht aushalten, dass Menschen einen Schrittzähler tragen, um ihre Bewegungsdaten täglich an eine Versicherung zu übermitteln, die sie dann mit höheren oder niedrigeren Beiträgen belohnt bzw. bestraft. Ein solcher Mensch kommt mir vor wie eine dressierte Ratte. Eine Gesellschaft, die Gesundheit zum Erfolgsprinzip erklärt und Krankheit als eine Form von Versagen ansieht, erscheint mir auf dem besten Weg, inhuman und unsolidarisch zu werden.

Ist die Gesundheit der Bürger denn kein legitimes Staatsziel?

Es gibt ein Recht des Staates, die Beziehungen der Menschen untereinander zu regeln, um den gesellschaftlichen Frieden zu wahren. Der Staat soll verhindern, dass sich Bürger gegenseitig Schaden zufügen. Aber die Beziehung eines Menschen zu sich selbst, die Frage, ob er »vernünftig« mit sich umgeht oder einen (gesundheits-)schädlichen Lebenswandel pflegt, geht den Staat nichts an. Der Umgang mit dem eigenen Körper gehört zum intimen Bereich der persönlichen Freiheit. Es gibt in diesem Sinn ein Recht auf Selbstschädigung, das den Bürgern nicht genommen werden kann, ohne die Idee von individueller Freiheit in ihr Gegenteil zu verkehren.

Über das ökonomisierte Denken hat man aber Stück für Stück erreicht, die Gesundheit des Einzelnen zu einer Staatsangelegenheit zu machen. Denn schließlich kosten Kranke ja Geld! Wenn man den Menschen nicht mehr als würdiges, zu respektierendes Wesen betrachtet, sondern als ein Stück Humankapital innerhalb der großen volkswirtschaftlichen Gesamtrechnung, dann wird Gesundheit tatsächlich zur politischen Frage. Dann kann man Raucher oder dicke Menschen bestrafen, weil sie durch ihre »Sünden« die Gesellschaft eines Tages vielleicht mit hohen Kosten belasten werden. Dass ein ungesunder Mensch mit geringer Lebenserwartung in diesem zynischen Rechenspiel in Wahrheit viel günstiger kommt als ein Gesundheitsfanatiker, der 98 wird, fällt unter den Tisch. Ebenso wie die Tatsache, dass ein noch so »vernünftiger« Lebenswandel keineswegs vor Krankheit und anderen Schicksalsschlägen schützt. Aber bei der Entwicklung von politischen Mentalitäten geht es eben nicht so sehr um logische Argumente, sondern eher um ein Gefühl, was in der jeweiligen Epoche als falsch und richtig gelten soll.

Wie kommt es dann, dass eine solche Form von Politik kaum jemanden stört?

Weil es in Wahrheit nicht nur um Gesundheit und Körper geht, sondern um unser gesamtes Menschenbild. Die Ökonomisierung unserer Weltwahrnehmung ist längst so weit fortgeschritten, dass es den meisten von uns völlig normal erscheint, den Menschen und sein Leben unter Kosten-, Effizienz- und Optimierungsgesichtspunkten zu betrachten. Alles ist messbar, alles ist verbesserungsfähig. In jedem Lebensbereich wird evaluiert, geratet und gecoacht.

Sogar das Herz der humanistischen Weltanschauung, nämlich Bildung, ist dabei, sich in reine Ausbildung zu verwandeln. Entsprechend werden Menschen schon in jungen Jahren geformt. An den Universitäten geht es nicht mehr um Persönlichkeitsentwicklung, um den Erwerb einer breiten, möglichst vielfältigen Weltsicht oder um die Vertiefung von Wissen über die wundersamen Erscheinungen unserer Existenz. Es geht vielmehr um den Erwerb von verwertbaren Kompetenzen, die sich später im Rahmen eines spezialisierten Berufs in Leistung umsetzen lassen. Kreativität gilt nicht mehr als Ausdruck von gesteigerter Individualität und Schaffenskraft, die sich zunächst einmal frei von ökonomischen Zwängen entfalten darf, sondern als oberflächliche Qualifikation für bestimmte Berufe.

Schon die Lebenswege junger Menschen sollen begradigt sein, ohne Schleifen, Irrwege und Sackgassen. Ein konsequentes Voranschreiten auf einem vernünftigen, effizienten, normierten Weg. Dass oft gerade im Umweg, im Zufall, in der Verirrung der größte Reichtum liegt, ist zusehends in Vergessenheit geraten.

Das Zauberwort heißt »Kontrolle«. Obwohl sich die meisten Menschen dessen vielleicht gar nicht bewusst sind, wird gerade unsere Epoche, die vermeintlich der individuellen Freiheit huldigt, vor allem von den Leitbildern »Kontrolle« und »Konformität« beherrscht. Alle sollen sich selbst verwirklichen, aber bitte auf die erwünschte Weise. Wer das nicht allein hinbekommt, kann auf ein unerschöpfliches Angebot an Coachings und Kursen zurückgreifen. Alles lässt sich coachen, die Ernährung, der Schlaf, die Beziehung, die Sexualität, die Kindererziehung, die Spiritualität, die Entspannung, das Verhältnis zur Natur, der Umgang mit Kollegen, die Familie, die Körperhaltung, die Art zu sprechen, die Art zu atmen, die Art zu denken. Eine riesige Industrie von Unternehmensberatern hat sich herausgebildet – und das jeweilige Unternehmen ist der einzelne Mensch.

Gut für den Staat, oder?

Aus Sicht von Staat und Wirtschaft ist das eine großartige Entwicklung, denn Optimierung setzt Evaluierung voraus, mit anderen Worten: Datensammelei. Erst muss bekannt sein, was ich esse, was ich kaufe, wohin ich reise, was ich denke, bevor entschieden werden kann, ob es Verbesserungsmöglichkeiten gibt. Die auf diese Weise freiwillig erhobene Datenmenge ist ein unschätzbarer Rohstoff für die digitale Industrie und ein heiß begehrtes Kontrollinstrument für die staatliche Verwaltung. Je mehr man über die Bürger und ihre Lebensgewohnheiten weiß, desto präziser kann man in die Zukunft planen. Desto leichter lässt sich die Bevölkerung auch steuern, indem man bestimmte Verhaltensweisen attraktiver und andere weniger attraktiv macht. Man nennt diese Form der Verhaltenssteuerung »Nudging«, von englisch: anstoßen, schubsen, und sie ist Teil eines manipulativen Politikverständnisses geworden. Politik ist dann die Kunst, vermeintlich freie Menschen zu besserem Verhalten zu erziehen.

Aus meiner Sicht besteht die Aufgabe von Politik aber darin, möglichst gerechte Rahmenbedingungen zu schaffen, innerhalb derer jeder Einzelne seinen Lebensweg selbst bestimmen und seine Entscheidungen frei treffen darf, ganz egal, wie sinnvoll oder unsinnig das Gewählte dann anderen erscheinen mag.

Ich glaube, die meisten Bürger haben gar nichts gegen Nudging.

Du hast recht, mit meinem Unbehagen an solchen Entwicklungen gehöre ich wahrscheinlich zu einer Minderheit. Die meisten Menschen können nichts Problematisches an dem Versuch erkennen, den Bürgern ein »vernünftiges« – also auch gesundes – Leben beizubringen. Es will doch ohnehin jeder so gesund wie möglich sein, so erfolgreich wie möglich und so entspannt wie möglich, oder etwa nicht? Was ist denn schlimm daran, möglichst weit in die Zukunft zu denken, Informationen zu sammeln und Prävention zu betreiben, um uns möglichst gut vor negativen Verhaltensweisen und Vorkommnissen zu schützen, egal ob bei Terrorismusbekämpfung, Gesundheitsvorsorge oder Klimaschutz?

Es ist wirklich nicht leicht, das Unvernünftige an der Vernunft zu erkennen. Man muss verstehen, dass »Vernunft« ein verkapptes Werturteil darstellt. Was der eine vernünftig findet, ist für den anderen vielleicht reine Idiotie. Was im Kleinen vernünftig wirkt, kann im Großen in die Katastrophe führen. Irgendjemand muss ja entscheiden, welchen Zielen diese »Vernunft« eigentlich dienen soll. Diese Entscheidung ist in unserer Gesellschaft längst gefallen. Aber gewissermaßen zwischen den Zeilen, nicht als Folge eines demokratischen Prozesses. Die Ziele, für die wir uns alle anstrengen, werden häufig eher von der Ökonomie und nicht von freiem politischem Gestalten bestimmt.

Gerade weil das alles nicht so leicht zu durchdringen ist, habe ich *Corpus Delicti* geschrieben. Es hat gutgetan, alle meine Gedanken dazu einmal an einem Ort zu versammeln, in Form eines Stücks Literatur.

Wie hat dich dabei die Lektüre von Giorgio Agamben beeinflusst?

Agambens Ideen waren sehr wichtig für mich, nicht nur beim Schreiben von *Corpus Delicti*, sondern auch für die Weiterentwicklung meines politischen Bewusstseins. Vor allem das Buch *Homo sacer* hat mir geholfen, mein eigenes Unbehagen an der Biopolitik besser zu verstehen.

Agamben kann man so interpretieren, dass jedes politische Anknüpfen an den Körper, also jede Form von Biopolitik, in den Totalitarismus führt oder bereits totalitäre Elemente enthält. Die Rassenpolitik der Nationalsozialisten ist eines der schrecklichsten Beispiele: Ganze Bevölkerungsgruppen wurden aufgrund von biologischen Merkmalen ausgesondert, zu »homini sacres« erklärt, in Lagern interniert, gequält und getötet.

Das Grauen dieses Völkermords verbietet jeden historischen Vergleich. Aber es verbietet nicht, aus den Mechanismen zu lernen. Wer politisches Gestalten an biologische Gegebenheiten bindet, verwandelt den Menschen automatisch in ein Stück »nacktes Leben«, in eine bloße biologische Tatsache, die man verwalten, also zum Beispiel verbessern kann und muss.

Optimierung setzt eine Unterscheidung zwischen »gut« und »schlecht« voraus. Es gibt dann besseres und schlechteres Leben – die Nazis nannten es »wert« und »unwert« –, über das an höherer Stelle entschieden wird. Natürlich macht es einen Unterschied, ob man Menschen in KZs interniert oder ob man sie vielleicht eines Tages zum Sport zwingt, um ihre Fettsucht zu bekämpfen. Der Unterschied betrifft vor allem die Folgen, die sich aus einem bestimmten Menschenbild ergeben. Das zugrunde liegende Menschenbild ist jedoch erschreckend ähnlich. Es besteht in der Idee, dass aus körperlich-biologischen Bedingungen Wertaussagen über eine Person abgeleitet werden können. Wer Optimierung anstrebt, muss auch Abwertungen vornehmen. Dann ist nicht mehr jedes Leben »normal« und gleich viel wert. Das kranke, behinderte oder einfach nur extrem unfitte Leben wird zum traurigen Störfall, den man so gut wie möglich verbessern oder, wenn das nicht geht, aus dem gesunden »Volkskörper« ausgrenzen muss. Denn sollte sich der Betreffende weigern, an den Verbesserungen mitzuwirken, ist er unvernünftig, faul, dumm, vielleicht sogar ein Querulant. Ein gestörtes oder störendes Subjekt.

Corpus Delicti zeigt perspektivisch, wohin solches Denken führen kann. Giorgio Agambens Überlegungen haben mir geholfen, meinem Unbehagen am ökonomisierten, biologisch determinierten Menschenbild unserer Zeit Ausdruck zu verleihen.

Ist Mia ein *homo sacer*?

Am Anfang der Geschichte ist Mia eine brave Bürgerin. Erst im Zuge einer langsamen Eskalation werden Mias kleine Vergehen – ein Verstoß gegen Hygienepflichten, das Rauchen einer Zigarette – immer härter bewertet, bis Mia schließlich durch Heinrich Kramer zur Staatsfeindin stilisiert wird.

Spätestens an dieser Stelle erfolgt der Akt der Aussonderung. Mia wird aus der Welt der normalen Bürger gerissen, erhält einen Sonderstatus und kann sich fortan nicht mehr auf die gleichen Rechte berufen. Zwar bekommt sie einen Prozess, aber dabei handelt es sich eher um einen Schauprozess als um ein ordentliches gerichtliches Verfahren. Im Gefängnis schneidet sie sich den Chip aus dem Arm, der bei jedem Methodenbürger unter die Haut implantiert wird und der ihn überhaupt erst zum Menschen im Sinne der METHODE macht. Auf diesem Chip sind alle personenbezogenen Daten gespeichert, er dient der Überwachung des Einzelnen, ist aber auch ein Garant seiner Identität. Dass Mia sich des Chips entledigt, ist ein Zeichen dafür, dass sie sich nun freiwillig in die Rolle der Vogelfreien begibt. Sie will keine Angehörige dieses Systems mehr sein, sie stellt sich bewusst daneben. Tatsächlich ist sie nun ein *homo sacer*, also eine Person, die für den Staat nur noch rechtloses, nacktes Leben darstellt, ähnlich wie ein Insekt, mit dem man tun oder lassen kann, was man will – es quälen, töten, einsperren oder einfach ignorieren. Ein

Stück biologische Existenz, komplett ohne Rechte, der Willkür preisgegeben. Das ist der schreckliche Fluchtpunkt der Biopolitik.

Du hast auch »Quantified Self« als Bezugspunkt erwähnt. Was ist das überhaupt?

Vielleicht könnte man den Begriff am besten mit »Messbares Ich« übersetzen. »Quantified Self« ist ein Netzwerk aus Leuten, die es sich zur Aufgabe gemacht haben, den eigenen Körper und die eigenen Lebensgewohnheiten mithilfe von digitalen Technologien zu beobachten und auszuwerten. Auf diese Weise sollen Gesundheit, Wohlbefinden, sportliche und berufliche Leistungsfähigkeit verbessert werden. Die Selbst-Tracker bezeichnen die Vermessung des eigenen Körpers als ein Erkenntnisverfahren und als Ausdruck ihrer Freiheit und Individualität, während Kritiker fragen, ob es sich nicht eher um eine Form von Selbstversklavung handelt, insbesondere, wenn die gewonnenen Daten auch noch veröffentlicht und der Verwertung durch andere Akteure ausgeliefert werden.

Spannend an »Quantified Self« finde ich, dass in dieser Bewegung der verbreitete zeitgenössische Drang nach körperlicher Selbstverbesserung seinen überbordenden Ausdruck findet. »Quantified Self« erscheint mir wie ein zugespitztes Symbol für eine gesamtgesellschaftliche Mentalität: den Selbstoptimierungswahn.

Seit wir uns von Gott und Religion weitestgehend

verabschiedet haben, sehen wir uns dem Segen – oder Fluch? – ausgesetzt, für unser Leben selbst verantwortlich zu sein. Es gibt kein Schicksal mehr, das man einfach so erleidet. Stattdessen gibt es Erfolg und Scheitern. Gesundheit, Schönheit, Jugend, körperliche Leistungsfähigkeit und langes Leben sind zu zentralen Werten unserer Identität geworden, gepaart mit der Überzeugung, dass wir all das erreichen können, wenn wir uns nur richtig verhalten.

Nicht wenige Menschen widmen der Verbesserung ihrer sportlichen Fähigkeiten, ihrer Ernährung, ihres Schlafverhaltens, ihres jugendlichen Aussehens, ihrer Psychohygiene, ihres Stresslevels und ihres körperlichen Liebeslebens eine große Menge Zeit, Geld und Gedanken. Sie kreisen um das Projekt »Ich« und machen die Frage, wie es ihnen geht, von ihrem aktuellen Body-Mass-Index, ihrer Marathonzeit oder der Anzahl von Nachtschlafstunden abhängig. Der Spruch »Gesundheit ist das höchste Gut« wird wörtlich genommen. Der »gute« Mensch ist in diesem Weltbild nicht mehr der möglichst gebildete, kreative oder wohltätige Mitbürger, auch nicht der geniale Exzentriker oder mutige Widerstandskämpfer, sondern eher eine normierte, gut trainierte, stark angepasste und stets verbesserungsbereite Leistungsmaschine.

Das Internet mit seinen unbegrenzten Möglichkeiten zur Darstellung und zum Vergleich von messbaren Werten befeuert diesen Trend. Es passt also in vielerlei Hinsicht in unsere moderne Welt, dass wir uns so stark auf unsere Körper konzentrieren. Ein angestiegenes Sicherheitsbedürfnis und der Wunsch nach Risikominimierung spielen auch eine Rolle. Wir wünschen uns, unser Schicksal kontrollieren zu können, wir wollen von Krankheit verschont bleiben und möglichst lange leben. Und wir sind überzeugt, dass wir diese Ziele durch ein bestimmtes Verhalten erreichen können. Überwachung – oder Selbstüberwachung – wird damit zu einem wichtigen Werkzeug der Prävention und scheint vielen Menschen nicht mehr entwürdigend, sondern segensreich. Von »Quantified Self« kann man tatsächlich viel über das Selbstverständnis des modernen Menschen lernen.

Glaubst du, dass unsere reale Gesellschaft in einer Gesundheitsdiktatur enden wird?

Nein. Es ist wichtig zu verstehen, dass Dystopien keine Prognosen sind. Sie wollen nicht die Zukunft voraussagen, sondern auf kritische Entwicklungen in der Gegenwart hinweisen. Der Zukunftsraum eröffnet die literarische Freiheit, bestimmte Entwicklungen zuzuspitzen und auf diese Weise sichtbarer zu machen. *Corpus Delicti* möchte die Leser auffordern, sich zu fragen, was ihnen wirklich wichtig ist, was sie zu Menschen macht, was ihre Identität bestimmt und wie das »gute Leben« für sie aussehen könnte. Weiterhin möchte der Roman zeigen, dass Risikofreiheit niemals ein politisches Versprechen sein kann und dass man »Sicherheit« nicht als vorrangiges politisches Ziel installieren darf, auch wenn das dem aktuellen Bedürfnis der Bürger zu entsprechen scheint.

Aber ich möchte nicht das Entstehen einer Diktatur vorhersagen. Ich kann es nicht ertragen, wenn medial ständig vom Ende der Demokratie gesprochen wird. Ich bin keine Apokalyptikerin, sondern möchte immer wieder darauf verweisen, wie glücklich wir uns schätzen können, in einer freiheitlichen Gesellschaft zu leben. Wie wichtig es deshalb ist, diese Privilegien zu erkennen und zu verteidigen, statt sie aufgrund irgendwelcher politischer Launen leichtfertig über Bord zu werfen.

Als Drittes hast du Thomas Manns *Zauberberg* erwähnt. Inwieweit hat dieser Roman für *Corpus Delicti* eine Rolle gespielt?

Kurz bevor ich *Corpus Delicti* schrieb, hatte ich den *Zauberberg* noch einmal gelesen – eins meiner Lieblingsbücher. Zufälligerweise hatte auch Friederike Heller, die ursprüngliche Regisseurin für *Corpus Delicti*, gerade intensiv mit dem *Zauberberg* zu tun, da sie in Frankfurt eine Theaterfassung des Romans auf die Bühne bringen wollte. So kam es, dass Friederike und ich eines Nachmittags in meinem Garten saßen und stundenlang über den *Zauberberg* sprachen, vor allem über die Dialoge zwischen den Figuren Castorp, Naphta und Settembrini.

Thomas Mann hat sich in seinem gesamten Werk immer wieder mit den Phänomenen Gesundheit, Krankheit und Tod auseinandergesetzt. Im Essay *Goethe und Tolstoi* entwickelt er sogar eine »Philosophie der Krankheit«, und den *Zauberberg* hat er selbst als ein großes Kolloquium über Gesundheit und Krankheit betrachtet. In seiner *Einführung in den Zauberberg* von 1939 schreibt Thomas Mann, Hans Castorp müsse begreifen, dass »alle höhere Gesundheit durch die tiefen Erfahrungen von Krankheit und Tod hindurchgegangen sein muss; so wie die Kenntnis der Sünde eine Vorbedingung der Erlösung ist«. Hier zeigt sich ein dialektisches Verständnis, das Krankheit und Gesundheit fest miteinander verbindet. Das eine ist ohne das andere nicht denkbar. Wer in den Genuss von wahrer Gesundheit kommen möchte, muss erfahren haben, was Krankheit ist.

Es ist ja so, dass dem Menschen generell Erkenntnis und Empfinden nur in einem Bezugsrahmen aus Gegensätzen möglich ist. Wir können nicht beurteilen, was kalt ist, wenn wir kein »heiß« kennen. Ohne Unglück gibt es kein Glück, ohne Geschwindigkeit keine Langsamkeit, ohne Schwarz kein Weiß. Verstand und Emotion pendeln beim Erkennen zwischen zwei Polen auf einer Bewertungsskala, auf der wir alles, das uns widerfährt, verorten müssen, um es einschätzen zu können. Deshalb ist es nicht möglich, permanent glücklich zu sein. Andauerndes Glück wäre für uns gar nicht spürbar. Nicht umsonst suchen viele Menschen in unserer wohlgeordneten, behüteten Welt die Extremerfahrung, das Risiko, die Höchstbelastung, ganz egal, ob in der Arbeit, beim Sport oder in der Liebe, um »sich selbst wieder spüren zu können«. Unser Selbst zeigt sich also nur in der Relation, das Absolute bringt uns zum Verschwinden.

Diesen eigentlich nicht sehr komplizierten Zusammenhang vernachlässigen Denksysteme, die einen bestimmten Wert absolut setzen. Die METHODE setzt Gesundheit als Wert absolut, sie will die totale Gesundheit für das ganze Volk erreichen und das Gegenteil, nämlich Krankheit, endgültig ausrotten. Das ist in etwa so sinnvoll, als wollte man von zwei Seiten der Medaille eine entfernen – das funktioniert nur, indem man die gesamte Medaille vernichtet, mit anderen Worten, das Menschliche am Menschen aufhebt. Unser Körper und unser Geist befinden sich in permanenter Bewegung, unser persönlicher Lebensweg sowie die Entwicklungsgeschichte ganzer Gattungen stellen sich als ein unablässiges Schwingen zwischen verschiedenen Zuständen dar. Das Leben kennt keinen Stillstand und keine Symmetrie – bis zum Tod. Jedes politische Programm, jede METHODE, die das verkennt, trägt das Potenzial zur Eskalation in Richtung totalitärer Strukturen in sich. Denn wer das Unerreichbare anstrebt, wird es immer verbissener, immer radikaler, immer vernichtender anstreben, je weiter er auf seinem Weg gekommen ist.

Zu beobachten ist dieses Phänomen auch beim Thema »Sicherheit«. Seit dem 11. September 2001 wurde

Sicherheit als Wert zunehmend absolut gesetzt und hat ihren Gegenpol, »Freiheit«, immer weiter verdrängt. Dies führt aber nicht dazu, dass sich unsere Welt in irgendeiner Weise sicherer anfühlt. Im Gegenteil erleben wir, dass demokratische Freiheiten aus »Sicherheitsgründen« eingeschränkt werden und die Ängste der Bevölkerung trotzdem (oder gerade deswegen?) weiter anwachsen.

Damit will ich nicht sagen, dass politisches Handeln nicht die Umsetzung bestimmter Werte anstreben darf. Natürlich ist das erlaubt und sogar wünschenswert. Aber es ist äußerst wichtig zu verstehen, dass man einen Wert nicht verwirklicht, indem man sein Gegenteil ausrottet. »Wohlstand« kann nicht erreicht werden, indem man »Armut« vernichtet. Es wird immer Armut geben, nämlich in Relation zum jeweiligen Wohlstandsniveau – so ist Armut definiert. »Sicherheit« bedeutet nicht, dass jede Form von Risiko eliminiert werden muss. »Gesundheit« ist kein anderes Wort für die Abschaffung von Krankheit.

Thomas Manns *Zauberberg* ist durchdrungen von diesen Erkenntnissen, er entwickelt sie nicht, sondern setzt sie als selbstverständlich voraus. Insofern ist der *Zauberberg* eine Art Gegenwelt zu *Corpus Delicti*: Hans Castorp lebt in einem Sanatorium, also einer Welt der Kranken; Mia Holl ist Teil des Methodenstaats, also einer Welt der Gesunden. Ich finde es faszinierend, wie sehr sich unsere Mentalität und unser ganzes Selbstverständnis innerhalb von wenigen Jahrzehnten verschoben haben. Im *Zauberberg* sagt der rhetorische Terrorist oder terroristische Rhetoriker Naphta, »in der Krankheit beruhe die Würde des Menschen und seine Vornehmheit; er sei, mit einem Worte, in desto höherem Grade Mensch, je kränker er sei«. Hinter dieser Zuspitzung steckt Naphtas Überzeugung, dass der Mensch durch seinen Geist der Natur enthoben sei, dass der Kern unseres Menschseins also gerade darin bestehe, uns selbst nicht bloß als Körperwesen zu betrachten, sondern »mehr« zu sein als die Natur. Er verachtet deshalb alle »Freilüftler, Rohköstler und Sonnenbademeister«, die den Menschen veranlassen wollen, Frieden mit der Natur zu schließen. Das Anstreben von Gesundheit führt in diesem Verständnis zur Aufhebung des Mensch-Seins. Wer würde solche Ansichten heute noch vertreten?

Gibt es denn auch direkte Zitate und Anspielungen auf den *Zauberberg* im Text?

Die gibt es tatsächlich. Verrückterweise wusste ich davon zunächst selbst gar nichts. Zwar hatte ich, während ich *Corpus Delicti* schrieb, parallel noch einmal im *Zauberberg* gelesen, vor allem die Streitgespräche zwischen Naphta, Settembrini und Castorp. Aber ich hatte nicht bewusst aus Thomas Manns Roman zitiert.

Als *Corpus Delicti* dann ins Englische übersetzt wurde, erzählte mir die Übersetzerin Sally-Ann Spencer, dass sie auf einige Textähnlichkeiten zwischen *Corpus*

Delicti und *Der Zauberberg* gestoßen war. Ich fiel aus allen Wolken. Sally hatte mehrere Stellen aufgespürt, aber ich will hier nur zwei markante Kostproben ihrer Detektivarbeit exemplarisch anführen:

Corpus Delicti, S. 93: »Erst wenn eine einzige Idee über die der Sicherheit hinausgeht, erst dort, wo der Geist seine physischen Bedingungen vergisst und sich auf das Überpersönliche richtet, beginnt der allein menschenwürdige, im höheren Sinn folglich der allein normale Zustand!«

Der Zauberberg (Kapitel »Operationes spirituales«): »Sobald eine einzige Idee, die über die der ›Sicherheit‹ hinausgehe, irgendetwas Überpersönliches, Überindividuelles also, im Spiele sei – und das sei der allein menschenwürdige, im höheren Sinne folglich der normale Zustand.«

Corpus Delicti, S. 117: »Wir kommen aus dem Dunkel und gehen ins Dunkel. Dazwischen liegen Erlebnisse. Aber Anfang und Ende, Geburt und Tod werden nicht erlebt. Sie haben keinen subjektiven Charakter, sie fallen ganz ins Gebiet des Objektiven. So ist es damit.«

Der Zauberberg (Kapitel »Als Soldat und brav«): »Wir kommen aus dem Dunkel und gehen ins Dunkel, dazwischen liegen Erlebnisse, aber Anfang und Ende, Geburt und Tod werden von uns nicht erlebt, sie haben keinen subjektiven Charakter, sie fallen als Vorgänge ganz ins Gebiet des Objektiven, so ist es damit.«

Dieses Phänomen fasziniert mich bis zum heutigen Tag. Wenn mich jemand vor Sallys Untersuchung gefragt hätte, ob ich wörtliche Zitate von Thomas Mann im Text versteckt hätte, dann hätte ich wahrscheinlich geschworen, dass dies nicht der Fall sei. Nun bin ich wirklich keine Lügnerin, und ich leide auch nicht an Gedächtnisschwäche. Aber dieses unbewusste Zitieren sagt eben eine Menge darüber aus, wie Literatur entsteht. Ich werde immer wieder gefragt, wie ich mich auf meine Texte vorbereite, ob ich viel recherchiere und ähnliches. Darauf habe ich eine für die Leser eher enttäuschende Antwort: Meistens setzte ich mich einfach nur hin und warte, was kommt. Meine Texte steigen aus einem Bereich meiner Persönlichkeit auf, der mit rationalem, bewusstem Denken nicht viel zu tun hat. Der Anteil des Unbewussten ist beim Schreiben so groß, dass viele Themen, Zusammenhänge, Gedanken, Erfahrungen und unter Umständen sogar wörtliche Zitate im Text aufscheinen, ohne dass ich es selbst richtig bemerke. Nicht nur die Rezeption von Literatur, auch ihre Entstehung ist ein Wunder. Ganz besonders für mich als Autorin.

Mal abgesehen von den freiwilligen und unfreiwilligen Parallelen zu Thomas Mann – erinnert *Corpus Delicti* nicht auch an den Mythos der Antigone?

Auch das ist ein Zusammenhang, der mir beim Schreiben nicht bewusst war. Im Drama *Antigone* behandelt Sophokles das Widerstandsrecht des Einzelnen gegen ein staatliches System, sofern dieser Widerstand moralisch gerechtfertigt ist. Die Hauptfigur Antigone widersetzt sich den Anweisungen von Kreon, dem Herrscher von Theben, der verboten hat, ihren gefallenen Bruder Polyneikes zu bestatten, da dieser sich kriegerisch gegen Theben gewandt hatte. Die Götter der Unterwelt verlangen hingegen eine ordentliche Bestattung, so dass die Anweisung Kreons nicht nur Antigones Gefühle, sondern auch die göttlichen Gesetze verletzt. Obwohl ein Verstoß gegen Kreons Regeln mit dem Tod bestraft wird, beschließt Antigone, ihren Bruder zu beerdigen, und dies nicht heimlich, sondern öffentlich zu tun.

In *Corpus Delicti* ist es Mia, die durch den Tod ihres geliebten Bruders dazu gebracht wird, sich gegen die staatliche Ordnung zu wenden, obwohl man sie mit dem Tod (beziehungsweise mit Einfrieren) bedroht. Die Frage nach dem moralisch Richtigen oder Gebotenen, die in *Antigone* gestellt wird, durchzieht auch *Corpus Delicti*. Wer entscheidet überhaupt, was richtig und falsch ist, der Einzelne oder das System, insbesondere, wenn keine Götter mehr dafür zuständig sind? Muss ein staatliches System moralisch legitimiert sein, und wenn ja, wie? Stehen praktische Vernunft und moralische Überzeugung manchmal im Widerspruch zueinander, oder sind sie automatisch deckungsgleich, wie Heinrich Kramer behauptet? Gibt es eine überindividuelle und »über-systemische« Moral, also allgemeingültige Wertprinzipien, auch wenn man nicht mehr an einen göttlichen Ursprung solcher Prinzipien glaubt?

Wahrscheinlich könnte man eine ganze Doktorarbeit über die Unterschiede und Ähnlichkeiten von *Corpus Delicti* und *Antigone* verfassen. Und das, obwohl ich beim Schreiben von *Corpus Delicti* nicht eine Sekunde an *Antigone* gedacht habe.

Gibt es auch zeitgenössische Literatur, die mit *Corpus Delicti* in Verbindung steht?

Ich kann einige zeitgenössische Romane benennen, die sich thematisch mit *Corpus Delicti* berühren. Aber diese sind nach meinem Roman erschienen, so dass sie nicht als Einflüsse zu sehen sind, sondern eher als Teil eines Zeitgeistes, der begonnen hat, den politischen Roman als moderne Erzählform wiederzuentdecken. Zu nennen wären aus der jüngeren Zeit vor allem *Die Hochhausspringerin* von Julia Lucadou und *The Circle* von Dave Eggers – in Letzterem heißt die Hauptfigur »Mae Holland«, was verblüffend an Mia Holl erinnert. In beiden Romanen werden Gesellschaften beschrieben, die sich durch das Ausweiten von Scoring- und Rating-Techniken in Überwachungsdiktaturen verwandelt haben, ohne dass es – wie in »herkömmlichen« Diktaturen – zu gewalttätiger Einschüchterung der Bevölkerung kommen müsste. Auch in diesen Romanen sorgen die Menschen also freiwillig für den Totalverlust ihrer Freiheit, indem sie sich so sehr den Prinzipien von Leistung und Selbstoptimierung verschreiben, dass sie bereit sind, für eine gute Bewertung buchstäblich alles zu tun.

Inzwischen gibt es für solche Erzählungen ein viel realeres Bezugssystem als vor zehn Jahren, als *Corpus Delicti* erschien. Heute zeichnet sich in Ländern wie China ab, dass staatliche Systeme tatsächlich beginnen, digitale Dauerüberwachung und Dauerbewertung ihrer Bürger zur Grundlage von Herrschaft zu machen. Das sogenannte »Social Credit System« soll das alltägliche Verhalten chinesischer Staatsbürger mit der Vergabe von Punkten belohnen oder bestrafen, so dass messbar wird, ob sich jemand als gutes oder weniger gutes Mitglied der Gesellschaft präsentiert. Währenddessen arbeitet Singapur daran, sich in eine »Smart Nation« zu verwandeln, wobei auch das Gesundheitssystem mittels Vernetzung, Big Data und Telemonitoring fit für die Zukunft gemacht werden soll. Ebenso gibt es in europäischen Ländern einen starken Trend zum Präventionsdenken, sowohl im Bereich Sicherheit als auch bei der Gesundheit. Durch Ernährungsregulierung, Rauchverbote und Sportpflichten, egal ob als bindendes Gesetz oder in Form von politischem »Nudging«, soll das Verhalten der Einzelnen so beeinflusst werden, dass die Gesellschaft leistungsfähiger und das Gesundheitssystem billiger wird. Gleichzeitig beweisen die immer einflussreicher werdenden sozialen Netzwerke die enorme Macht von sozialer Kontrolle.

Umso wichtiger, dass sich immer mehr zeitgenössische Romane mit diesen Entwicklungen auseinandersetzen! Dahinter stehen existenzielle Themen, die auf unser Menschenbild zurückgehen und die Frage betreffen, wie wir in Zukunft als Einzelne und als Gesellschaften miteinander leben wollen. Wie jeder andere Text ist *Corpus Delicti* also kein Solitär, sondern organischer Teil der Gegenwartsliteratur.

VII.

Gattungsfragen

Interessanterweise hast du beim Thema literari-sche Einflüsse gar keine Romane aus den Bereichen Science Fiction oder politische Dystopie erwähnt. Fangen wir mal mit dem Erstgenannten an – ist *Corpus Delicti* ein Science-Fiction-Roman?

Nein, das sehe ich nicht so, auch wenn es gelegentlich in Rezensionen zu lesen war.

Ein Science-Fiction-Roman ist ja immer auch eine technologische Vision. Das sagt schon der Name. Science Fiction handelt davon, wie unsere Welt in der Zukunft aussehen könnte, wenn sich bestimmte technische Revolutionen ereignen, zum Beispiel eine radikale Ausweitung der Raumfahrt, die Möglichkeit von Zeitreisen, die vollständige Digitalisierung des menschlichen Lebens oder der hemmungslose Einsatz von Gentechnik. Auch eine Gesundheitsdiktatur wäre als Gegenstand einer Science-Fiction-Erzählung denkbar; genretypisch stünden dann aber die technischen Aspekte der gezeigten Welt viel stärker im Vordergrund. Natürlich beinhaltet Science Fiction immer auch eine soziale Vision. Jedoch ist es Teil des Gattungsbegriffs, dass sich der Autor für die technischen Aspekte seiner Phantasiewelt interessiert.

In *Corpus Delicti* werden technische Aspekte bewusst außen vor gelassen. Bis auf die kurze Andeutung einer solarbetriebenen Mega-City ganz am Anfang wird wenig darüber erzählt, in welcher Welt die Menschen im Jahr 2050 leben. Man erfährt nicht, wie sie sich fortbewegen, welche Maschinen sie verwenden, wie weit Big Data und Überwachungstechnologien fortgeschritten sind, welche Rolle das Internet und soziale Medien für die METHODE spielen. Soweit technische Details erwähnt werden, sind diese eigentlich auch schon heute Teil unseres Lebens, wie zum Beispiel Sensormessungen von Vitaldaten, implantierte Chips, digitale Vernetzung von Bürgern und Staat, DNA-Analysen und Ähnliches. In technischer Hinsicht zeichnet *Corpus Delicti* sogar eher ein anachronistisches Bild. So gibt es zum Beispiel noch immer zwei große Zeitungen, die starken Einfluss auf die öffentliche Meinung haben. Auch das Fernsehen spielt in *Corpus Delicti* eine große Rolle, während die sogenannten neuen Medien gar nicht erwähnt werden.

Die Entscheidung gegen eine technische Vision habe ich bewusst getroffen. Die Science-Fiction-Dimension übte keinen besonderen Reiz auf mich aus. Das mag daran liegen, dass *Corpus Delicti* aus meiner Sicht gar nicht in der Zukunft spielt. Mir geht es um die heutige Mentalität, um aktuelle Veränderungen in Politik und Gesellschaft, um Denkweisen, Weltsichten, Menschenbilder, wie sie jetzt gerade üblich sind. Kurz gesagt, ich habe – wie in vielen anderen meiner Bücher – versucht, den Zeitgeist spürbar zu machen. Meine Einbildungskraft richtete sich dabei nicht auf die Zukunft, ich habe mich nicht gefragt, wie unsere Welt in ein paar Jahrzehnten aussehen könnte. Vielmehr konzentrierte ich mich auf das Hier und Jetzt, auf unser Lebensgefühl, auf die Motive, die uns antreiben, und die Ängste, die uns bestimmen. Das Verlagern der Geschichte in die Zukunft gab mir einfach mehr Freiheit bei der Ausgestaltung der Handlung und erlaubte einige radikale Zuspitzungen.

Aber man könnte schon sagen, dass *Corpus Delicti* eine Utopie ist? Oder vielleicht eher eine Dystopie?

Der Begriff »Utopie« entstammt ursprünglich dem Titel eines Romans, der im Jahr 1516 erschien, nämlich *Vom besten Zustand des Staates oder von der neuen Insel Utopia*, geschrieben vom englischen Staatsmann Thomas Morus. Auf dieser Insel lässt der Autor eine ideale Gesellschaft entstehen, nicht in ferner Zukunft, sondern gewissermaßen nur in geographischer Ferne von seinem Heimatland. Das Ziel dieser Vision ist es, den Zeitgenossen einen kritischen Spiegel vorzuhalten. Es geht also nicht um das Erträumen einer besseren Welt im Sinne einer Realitätsflucht, sondern um eine literarische Form von Gesellschaftskritik.

Eine Dystopie hingegen ist eine Anti-Utopie, bei der eine bewusst negative Gesellschaftsvision entwickelt wird, die ebenfalls ein kritisches Licht auf gegenwärtige Verhältnisse werfen soll. Dabei werden aktuelle Entwicklungen in die Zukunft extrapoliert. Gattungsgeschichtlich ist die Dystopie ein Kind der industriellen Revolution. Sie stellt im Grunde eine Umkehr von positivem Fortschrittsglauben zu Fortschrittsbesorgnis dar.

Das Interessante an *Corpus Delicti* war für mich, eine Welt zu zeigen, die auf den ersten Blick positiv-utopisch wirkt und sich erst im Lauf der Geschichte als ein äußerst ambivalentes, im Kern totalitäres politisches Gebilde erweist. Bei modernen Dystopien, vor allem im Bereich Film, findet man dieses dramaturgische Verfahren häufiger. Die Aussage ist dann oft ähnlich: Totale Sicherheit ist nur um den Preis des totalen Freiheitsverlusts zu erreichen, weshalb sich das Sicherheitsziel am Ende selbst *ad absurdum* führt – denn der total sichere Mensch ist auch der komplett unfreie und damit der vernichtete Mensch.

Interessant ist die Häufigkeit solcher Erzählungen in der heutigen Zeit. In der Literatur gibt es eine verfestigte Tradition der Dystopien von Aldous Huxleys *Schöne Neue Welt* aus dem Jahr 1932, George Orwells *1984* über Margaret Atwoods *Report der Magd* bis zu Kazuo Ishiguros *Alles was wir geben mussten* und Dave Eggers' *The Circle* aus dem Jahr 2013 – um nur einige wirklich berühmte Beispiele zu nennen. Eine Liste filmischer Dystopien – die übrigens oft auf literarischen Vorlagen beruhen – wäre so lang, dass man gar nicht wüsste, wo man anfangen und wo aufhören sollte. Von *Metropolis* aus dem Jahr 1932 über *Matrix* und *Minority Report* bis zu aktuellen Großprojekten wie *Die Tribute von Panem* und *The Purge* ließen sich buchstäblich Hunderte von Beispielen finden, von denen gar nicht wenige sehr erfolgreich waren. Daran zeigt sich, wie sehr das Wissen um die Ambivalenz von Weltverbesserungsversuchen unser Denken und Fühlen beschäftigt.

Du meinst, diese Erzählstruktur – eine Utopie, die sich zur Dystopie entwickelt – zeigt ein grundsätzliches politisches Problem?

Könnte man so sagen. Tatsächlich ist es ein tragisches Dilemma der menschlichen Existenz, dass nicht nur böser Wille, sondern vor allem auch der gute Wille in die Katastrophe führt. Erst recht gilt das, wenn man nicht nur einzelne Personen, sondern gleich ganze Gesellschaften mit einer Vision vom besseren Leben beglücken will. Beim Nachdenken über Ethik und politische Moral macht diese Erkenntnis die Lage ungeheuer kompliziert. In der heutigen Zeit führt die digitale Revolution dazu, dass Großkonzerne wie Google sich anschicken, ihre Weltverbesserungsideen in technische Realitäten (und natürlich auch in bare Münze) zu verwandeln, häufig im politisch und rechtlich fast luftleeren Raum. Dies macht erneut die Frage drängend, inwieweit das »gute Leben« überhaupt eine kollektive

Vision sein kann, ohne die Freiheit des Einzelnen massiv zu gefährden. Andererseits kann man natürlich auch nicht jede Anstrengung zur Verbesserung von Lebensverhältnissen strikt ablehnen, da sonst politisches Gestalten nicht mehr denkbar beziehungsweise nicht mehr legitim wäre. Eine völlige Abstinenz von regulativen Eingriffen würde in anarchische Zustände münden, bei denen am Ende das Recht des Stärkeren obsiegt, was keine Garantie für gesellschaftlichen Frieden sein kann.

Hier zeigt sich also das Dilemma jeglichen politischen Handelns. Politik kann im Grunde in drei verschiedene Richtungen zielen. Sie kann versuchen, die Lage zu verbessern. Sie kann auch versuchen, die Lage zu verschlechtern, zum Beispiel für bestimmte Bevölkerungsgruppen. Als Drittes kann sie versuchen, dafür zu sorgen, dass alles so bleibt, wie es ist. Drei Möglichkeiten – die erste ist gefährlich, die zweite verwerflich und die dritte unsinnig. Aber auch Nichtstun ist keine Option. Kein Wunder, dass ein solches Paradoxon haufenweise Dystopien nährt! *Corpus Delicti* ist eine davon.

Und warum gibt es heutzutage so wenige literarische Utopien?

Ich glaube, diese häufig geäußerte Frage beruht auf einem Missverständnis. Die Gattung der literarischen Dystopie wurde in den letzten Jahrzehnten, wie gesagt, eifrig bedient. Erst kürzlich sind mit der *Hochhaus-*

springerin von Julia von Lucadou und mit *Ice Cream Star* von Sandra Newman wieder zwei klassische und äußerst spannende Dystopien erschienen. Man kann den Autoren unserer Zeit definitiv nicht vorwerfen, dass sie sich nicht mit Gegenwelten befassen würden. Im Gegenteil, es erscheinen aus meiner Sicht ziemlich viele solcher Bücher.

Die leicht vorwurfsvolle Frage meint also vermutlich etwas anderes. Gefragt wird in Wahrheit danach, warum es heutzutage so wenige positive politische Visionen gibt – warum wir uns also ständig in einem gefühlten Abwehrkampf gegen verschiedene Apokalypsen befinden –, und dieses Bedürfnis nach mehr Fortschrittsoptimismus projiziert man dann auf die Literatur. Man kann aber von Autoren nicht verlangen, dass sie erfolgreich etwas produzieren, das die Gesellschaft gar nicht haben will. Ein Roman, der völlig unkritisch einen politischen Paradiesgarten auf Erden schildern, also in rosaroten Farben die nächste Menschheitsbeglückungsvision vorstellen würde, ginge komplett an Mentalität und Geschmack unserer Zeit vorbei. Wahrscheinlich würde er nicht wahrgenommen, vermutlich nicht einmal veröffentlicht werden. Solange wir uns als Gesellschaft so einig darüber sind, das unsere Aufgabe der Zukunftsgestaltung vor allem darin besteht, das Schlimmste zu verhindern, werden auch in der literarischen Welt die Dystopien vorherrschen.

Dann frage ich noch mal anders an dieser Stelle: Warum entwickelt die Gesellschaft keine positiven Visionen von der Zukunft?

Das ist Ergebnis einer Kulturkrise, die schon am Ende des 19. Jahrhunderts begonnen hat. Als die Härten der Industrialisierung und die Gefahren des Imperialismus spürbar wurden, erlitten die europäischen Staaten eine Reihe von Schocks in Bezug auf die Um- und Durchsetzbarkeit der Werte von Fortschritt, Humanismus, Idealismus. Spätestens mit Beginn des Ersten Weltkriegs starben alle Zukunftsträume, die auf Aufklärung und Rationalismus beruhten, im Stahlgewitter einer globalen Vernichtungsschlacht. Das große Projekt der Aufklärung, getragen vom Glauben, man könne durch Erziehung der Einzelnen eine friedliche Gesellschaft erzeugen, musste spätestens angesichts der folgenden Katastrophen des 20. Jahrhunderts, vor allem Nationalsozialismus und Stalinismus, als gescheitert gelten. Wir alle sind uns inzwischen der Ambivalenz von politischem Handeln und »gutem Willen« schmerzlich bewusst. Dieses gespaltene Verhältnis zur Idee eines humanistischen Fortschritts spiegelt sich natürlich auch in der Literatur.

Hinzu kommt, dass in vielen Ländern der westlichen Hemisphäre die Entwicklung demokratischer Staatsformen ziemlich weit fortgeschritten ist. Viele Menschen halten es mit Winston Churchill, der einst sagte, Demokratie sei die schlechteste Regierungsform – abgesehen von allen anderen. Es besteht ein breiter Konsens darüber, dass wir mit der Demokratie im Großen und Ganzen ein taugliches Staatswesen errichtet haben und es für die Zukunft eher um das Justieren von Stellschrauben geht als um das revolutionäre Erdenken von völlig neuen Entwürfen. Ich persönlich glaube auch nicht, dass es für uns alle gesünder wäre, von der nächsten Weltrevolution zu träumen. Da halte ich es eher mit dem bekannten Zitat von Helmut Schmidt, der einmal meinte: »Wer Visionen hat, soll zum Arzt gehen.«

Vorhin hast du ein paar literarische Bezugspunkte für *Corpus Delicti* genannt. Die große Überwachungsdystopie von George Orwell, *1984*, war nicht dabei. Hast du beim Schreiben gar nicht an diesen Roman gedacht?

Eher noch an *Schöne neue Welt* von Aldous Huxley. Der Unterschied zwischen diesen beiden dystopischen Klassikern besteht darin, dass Huxley zunächst eine vermeintlich paradiesische Welt zeichnet – wie der Titel schon klarmacht. In seinem futuristischen Kasten-Staat herrschen »Stabilität, Frieden und Freiheit«, die Bedürfnisse der Bevölkerung werden durch Konsum, Sex und Drogen permanent befriedigt, und erst im Verlauf der Handlung enthüllen sich nach und nach die Schrecken der Wellnessdiktatur.

1984 von George Orwell hingegen spielt von Anfang an in einer düsteren, endzeitartigen, von Überwachung,

Bedrohung und Gewalt geprägten Szenerie, die mit der hellen *Corpus-Delicti*-Welt wenig gemeinsam hat. Ziel der METHODE ist ja nicht die Unterdrückung der Menschen, sondern ihre vermeintliche Befreiung – nämlich vom körperlichen Leiden. Von daher hat *Corpus Delicti* mit *1984* eigentlich gar nicht so viel gemeinsam, auch wenn die beiden Romane immer wieder verglichen worden sind.

VIII.

Politische Literatur

Du hast einmal gesagt, *Corpus Delicti* sei dein einziges politisches Buch. Stimmt das?

Ich glaube, ich sagte, dass *Corpus Delicti* mein einziger politischer Roman sei. Es gibt ja auch andere Bücher, zum Beispiel Essaysammlungen oder *Angriff auf die Freiheit* – ein Manifest über die politischen Folgen von Überwachung, das ich zusammen mit Ilija Trojanow geschrieben habe. Diese Bücher sind definitiv politisch.

Aber politische Essayistik ist nicht dasselbe wie politische Romanliteratur. Letztere gehört nicht zu meinen Lieblingsgattungen. Das ergibt sich schon aus der Art, wie ich schreibe. Zwar habe ich mit wachsender Erfahrung als Schriftstellerin gelernt, wie man rhetorisch versiert argumentiert, ausgiebig recherchiert und einen Text im Voraus durchdenkt und plant. Ich kann solche Techniken bei Bedarf einsetzen, aber sie liegen mir nicht besonders. Mein eigentliches Schreiben ist eine sehr intuitive Angelegenheit, eine Abenteuerfahrt ins Blaue hinein, näher am Tagtraum als an einer reflektierten, von einem bestimmten Sendungsbewusstsein getriebenen Tätigkeit. Grundsätzlich erscheint es mir nicht erstrebenswert und auch nicht nötig, eine Narration mit politischen Botschaften zu befrachten. Es gibt ja andere Textformen, wie zum Beispiel den Essay, die speziell als politische Ausdrucksmöglichkeit zur Verfügung stehen.

Aber du wirst doch allgemein als politische Autorin wahrgenommen?

Eine politische Autorin muss nicht notwendig politische Romanliteratur schreiben. Ich kann unpolitische Romane verfassen und zwischendurch ein hochpolitisches Interview geben oder einen politischen Essay veröffentlichen. Die Eigenschaft als politische Autorin erfasst ja nicht notwendig alles, was man zu Papier bringt.

Allerdings werden viele meiner Romane als politische Texte rezipiert, obwohl ich das selbst nicht so sehen würde. Ich würde den Begriff »politische Literatur« enger definieren. Wenn man jeden Roman, der sich mit philosophischen Themen befasst oder gesellschaftlich relevante Fragestellungen aufgreift, zur politischen Literatur zählen würde, dann wäre diese Schublade übervoll. Es ist ja gerade ein Merkmal von guter Literatur, dass sie nicht nur den Individualfall schildert, sondern mindestens implizit etwas über die Bedingungen menschlicher Existenz miterzählt, und diese Bedingungen sind immer historisch, sozial und politisch geprägt. Jeder gute Roman ist für mich ein Stück Zeitgeist, ganz egal, aus welcher Epoche er stammt, und damit im Grunde schon fast ein Gesellschaftsroman.

Im Unterschied dazu würde ich politische Literatur dadurch kennzeichnen, dass sie eine klare politische Aussage enthält. Die kritische oder satirische Beleuchtung bestehender Verhältnisse muss hier ins Programmatische münden. Mit anderen Worten, der Autor muss beim Schreiben etwas »gewollt« haben im Sinne einer politischen Intention, und das muss für den Leser klar erkennbar sein.

Eine solche Intention ist mir normalerweise fremd. Romane wie *Adler und Engel, Spieltrieb* oder *Unterleuten* versuchen, ein Bild unserer Gesellschaft zu zeichnen, ein Lebensgefühl einzufangen, die Mechanismen unseres Miteinanders zu zeigen. Aber sie enthalten keine politische Botschaft, nichts, was sich extrahieren und auf den Punkt bringen ließe. Anders gesagt, die Aussage eines Romans wie *Unterleuten* ist so lang wie der Roman selbst. Sie ist mit dem Text identisch. Sie liegt gerade in der Mehrdimensionalität, in der Komplexität, im Nebeneinander von verschiedenen Ansichten und Daseinsformen. Ein guter Roman verweigert sich normalerweise der Didaktik. Er will komplex sein wie das Leben selbst. Er möchte seine Leser nicht erziehen, sondern auf eine Reise mitnehmen.

Das klingt, als würdest du politische Literatur grundsätzlich ablehnen.

Das tue ich nicht, sonst hätte ich *Corpus Delicti* nicht geschrieben. Trotzdem bleibe ich dabei, dass »Politik« und »Literatur« in gewisser Weise im Widerspruch zueinander stehen. Das Politische an einem Text geht zu Lasten der Literarizität. So ist es auch bei *Corpus Delicti*. Der Text ist vergleichsweise simpel gebaut, die Figuren sind eher Prototypen für bestimmte Denk- und Verhaltensweisen als psychologisch ausgefeilte Charaktere. Alles, was gesprochen wird und was passiert, steht im Dienst einer Intention – meiner Intention. Der Text ist also weniger Selbstzweck als Mittel zum Zweck, was ihn aus meiner Sicht von »normaler« Literatur unterscheidet.

Aber natürlich hat politische Literatur ihre Berechtigung. Es hat ja auch einen Grund, warum es sie überhaupt gibt. Literarische Mittel können eine hohe Suggestionskraft entfalten. Komplexe politische Fragen sind unter Umständen besser zu verstehen, wenn man sie anhand einer Geschichte illustriert, als wenn sie abstrakt erklärt werden. Literatur erreicht gleichermaßen Verstand und Gefühl. Sie kann ein Thema auf vielen Ebenen gleichzeitig behandeln.

Läuft politische Literatur nicht Gefahr, immer nur von Menschen rezipiert zu werden, die sowieso schon das Gleiche denken wie der Autor? Dass sie also eher das Identitätsbewusstsein unter Gleichgesinnten stärkt als Andersdenkende zu erreichen?

Letzteres wäre ja auch kein Versagen, sondern eine ebenso wichtige Aufgabe. Wie oft habe ich schon gedacht, dass ich die Einzige bin, die sich an einer bestimmten gesellschaftlichen Entwicklung stört. Man fühlt sich dann einsam, ja, fast schon verrückt, nach dem Motto: »Spinne ich, oder spinnen die anderen?« Wenn man dann einen politischen Roman liest, der das Problem behandelt, kann sich das anfühlen, als würde man nach Hause kommen. Insofern darf politische Literatur auch ein Treffpunkt für Gleichgesinnte sein, ohne dass sie dadurch »wirkungslos« wäre.

Meiner Erfahrung nach kann politische Literatur aber noch viel mehr. Nach der Veröffentlichung von *Corpus Delicti* sind immer wieder Leser zu mir gekommen und haben mir erzählt, dass sie nun zum ersten Mal verstanden haben, was an einem Rauchverbot problematisch sein könnte oder warum ein so schmaler Grat zwischen Prävention und Bevormundung verläuft. Sie hatten noch nie über den ersten Anschein hinausgedacht, der häufig für eine »vernünftige« Regelung spricht.

Literatur hat diese einzigartige Fähigkeit, Menschen zur Empathie zu verhelfen. Wenn wir lesen, können wir in die Köpfe und Herzen anderer Menschen hineinsehen, wir erleben mit ihnen, was passiert. Wir können uns die Welt, in der die Geschichte spielt, in unserer Phantasie ausmalen wie in einem Kinofilm. Auf diese Weise verlässt ein politisches Problem den Bereich von Rhetorik und Spekulation und wird plastisch und greifbar. Es kommt uns nahe. Das hilft uns, Perspektiven oder Fragestellungen nachzuvollziehen, die uns auf den ersten Blick fremd sind.

Und wie lautet die Fragestellung bei *Corpus Delicti*?

Allgemein gesprochen lautet die Frage: »Wie wollen wir leben?« Das ist ja im Grunde die Mutter aller politischen Fragen.

Bei *Corpus Delicti* steckt hinter dieser allgemeinen Frage eine konkrete Überzeugung – wie es bei »echter« politischer Literatur aus meiner Sicht immer der Fall ist. Diese Überzeugung lautet, dass der Mensch in seiner Identität, in seinem Selbstgefühl und auch in seinem Glück nicht durch den Körper, sondern durch den Geist bestimmt wird. Nicht der Körper, sondern der Geist ist Träger von persönlicher Freiheit. Es ist nicht körperliche Fitness, sondern geistige Reife, die dem Menschen zu demokratisch relevanter Mündigkeit verhilft. Übrigens ist auch der Geist und nicht etwa der Körper Ursprung des guten Lebens. Eher ist ein chronisch Kranker, der über eine gefestigte Persönlichkeit verfügt, in der Lage, die Fülle des Daseins zu genießen, als dass sich ein körperlich gestählter Gesundheitsfan, der im Hamsterrad der Selbstoptimierung steckt, jemals zufrieden fühlt.

Wenn also die Frage »Wie wollen wir leben?« mit »Gut!« beantwortet werden soll, ist es unerlässlich, den Menschen alle Chancen zur Bildung und Entwicklung ihrer Persönlichkeit und geistigen Fähigkeiten zu eröffnen. Während man ihnen im Bereich körperlicher Intimität die größtmöglichen Freiheiten einräumen muss.

Also ist *Corpus Delicti* ein Pamphlet gegen Gesundheitspolitik.

Diese Zuspitzung geht ein bisschen zu weit. Aber ich würde schon sagen: In erster Linie soll Politik nicht den Körper, sondern den Geist der Menschen ansprechen. Da halte ich es mit Giorgio Agamben. Politik, die zu Biopolitik gerät, wird automatisch totalitär. Auf dem Feld der Gesundheitspolitik sollten staatliche Institutionen deshalb äußerste Vorsicht walten lassen. Angebote und Aufklärung sind in Ordnung, sie dürfen aber nicht mit einem Belohnungs-Bestrafungs-System verbunden werden, wie es zum Beispiel die Krankenkassen anstreben. Regulierung, die das Privatleben betrifft, muss auf unvermeidliche Fälle wie den Schutz vor akuten Seuchen vorbehalten bleiben. Noch wichtiger finde ich aber, dass wir uns politisch an die Grundlagen unserer Demokratie erinnern, nämlich daran, dass alle Menschen gleich sind. Die Gesunde ist nicht besser als die Kranke, der Junge nicht besser als der Alte, der Schöne nicht besser als die Hässliche, die Dünne nicht besser als der Dicke, der Fitte nicht besser als der Schlappe, der Leistungsträger nicht besser als die Aussteigerin. Unmerklich haben wir unser gesamtes Leben den Prinzipien von Leistung, Optimierung und Bewertung untergeordnet, mit anderen Worten: total-ökonomisiert. Ein Umdenken muss einsetzen, wenn wir als Gesellschaft und als Einzelne zu einem Gefühl der Zufriedenheit gelangen wollen. Dies ist die Botschaft von *Corpus Delicti*.

Wenn du politischer Literatur so kritisch gegenüberstehst, ist es dir dann schwergefallen, *Corpus Delicti* zu schreiben?

Ich glaube, wenn die erste Fassung nicht für die Bühne gedacht gewesen wäre, hätte ich den Text niemals schreiben können. Hätte man mir gesagt: Schreib doch mal einen Roman über eine Gesundheitsdiktatur, in dem du alle politischen Fragen verarbeitest, über die du so nachdenkst – ich hätte wahrscheinlich abgewunken und geantwortet: »Das kann ich nicht«. Aber mit dem Gedanken an eine Theateraufführung fiel es mir leichter. Ich fand es einfacher, Figuren als Stellvertreter oder Allegorien zu entwickeln und sie teilweise programmatische Dinge sagen zu lassen, solange ich wusste, dass sie später von Schauspielern verkörpert würden. Die Bühne ist für mich ein genuin politischer Ort, viel mehr als ein Roman. Eine Bühne kann wie eine Obstkiste funktionieren, auf die man sich stellt, um endlich mal allen die Meinung zu sagen.

Im Unterschied dazu ist ein Prosatext für mich eher eine Einladung zu gemeinsamer Kontemplation. Ich denke beim Schreiben von Romanen normalerweise nicht an einen Leser oder gleich an ein ganzes Publikum. Ich versuche nicht, jemanden zu erreichen oder zu überzeugen. Es ist eher so, als würde ich den fiktiven Leser einladen, sich neben mich zu setzen und Seite an Seite die ausgemalte Welt zu betrachten.

Bei der Arbeit an *Corpus Delicti* habe ich mich hingegen gefühlt, als würde ich die Leser an den Schultern packen und rufen: »Wacht auf! Seht doch, was mit uns passiert!« Das hätte ich mich in Romanform niemals getraut. Somit war die Bühne Geburtshelferin meines persönlichen Zugangs zu politischer Literatur.

Wenn *Corpus Delicti* wirklich dein einziger politischer Roman ist, was ist dann mit *Leere Herzen*?

Ich dachte mir schon, dass diese Frage jetzt kommt. *Leere Herzen* ist ein Grenzfall. Wahrscheinlich würde es diesen Roman ohne *Corpus Delicti* nicht geben. Gewiss hat *Corpus Delicti* die Grenzen meines Literaturverständnisses ausgedehnt und mir erlaubt, ein bisschen mehr Politik in meinen Texten zuzulassen, ohne gleich zu fürchten, dass das dem freien Fluss der Phantasie schaden werde. Also ist *Leere Herzen* schon irgendwie eine Folge von *Corpus Delicti*.

Dennoch würde ich *Leere Herzen* nicht als genuin politischen Roman bezeichnen. Zwar ist auch dieses Buch eine Art Dystopie. Es zeichnet ein Deutschland in unmittelbarer Zukunft, in dem die Erosion von Demokratie, die wir heute befürchten, bereits in starkem Ausmaß stattgefunden hat. Die Menschen haben sich von der Gemeinschaft abgewandt, und der Staat hat festgestellt, dass Regieren ohne Bürger viel einfacher ist. Die Leute kümmern sich um die Perfektionierung ihrer privaten Lebensverhältnisse, der Staat kümmert sich um Sicherheit und Alltagsorganisation. Stück für Stück werden demokratische Institutionen wie Landesparlamente oder Verfassungsgerichte abgebaut, weil man kaum noch versteht, wozu die ganze »Bürokratie« gut sein soll.

Vor dieser Kulisse beschäftigt sich *Leere Herzen* mit der Frage, inwieweit moralisches Empfinden noch möglich ist, wenn man das gesamte Leben den Prinzipien von Pragmatismus, Effizienz und Effektivität unterstellt. Die Hauptfigur Britta gründet eine Agentur, in der sie potenzielle Selbstmörder entweder heilt oder für Geld an Terrororganisationen vermittelt, die sie als Attentäter einsetzen. Der Staat duldet diese Tätigkeit, weil ein bisschen Terrorismus für den Zusammenhalt der Gesellschaft und den Erhalt politischer Macht unerlässlich ist.

Viele Fragen, die in *Corpus Delicti* eine Rolle spielen, tauchen also auch hier wieder auf. Trotzdem habe ich *Leere Herzen* mit einem anderen Gefühl geschrieben.

Es ist kein Pamphlet, kein Appell, keine literarische Einkleidung für eine politische Auseinandersetzung. *Leere Herzen* ist ein geistiges Experiment, zu dem ich meine Leser einlade. Ein weiteres Mal geht es um politische, gesellschaftliche, aber auch psychologische und ganz existenzielle Fragen. Hinter *Leere Herzen* steckt mein unverbrüchlicher Glaube, dass wir an der Demokratie festhalten müssen, ganz egal, wie unsicher uns die Zeiten erscheinen mögen. Kein politischer Roman, aber ein Roman mit einem starken politischen Fundament.

Mir ist klar, dass diese Unterscheidungen vielleicht wie Haarspalterei erscheinen und man sich vielleicht fragt, warum ich mich so vehement gegen das Etikett der politischen Literatur wehre. Um das zu erklären, will ich noch mal betonen, dass für mich persönlich Gattungsfragen keine Rolle spielen. Nach der Gattung werde ich von Journalisten oder Lesern gefragt – andernfalls würde ich gar nicht darüber nachdenken. Als Autorin spüre ich kein Bedürfnis, meine Bücher mit bestimmten Etiketten zu versehen, sie in verschiedene Schubladen zu stecken. Das sind alles meine Babys, und sie sind, wie sie sind. Die Frage, ob es sich um politische Literatur handelt, muss eigentlich eher die Literaturwissenschaft beantworten, nicht ich als Autorin.

Aber wenn ich trotzdem danach gefragt werde und nach einer Antwort suche, dann kann ich letztlich nur auf meine Erinnerung an den Schreibprozess zurückgreifen. Wie habe ich mich beim Schreiben gefühlt, worauf kam es mir an, woran habe ich gedacht? Das

Schreiben eines Essays fühlt sich völlig anders an als das Schreiben einer Kurzgeschichte. Und das Schreiben von *Corpus Delicti* hat sich komplett anders angefühlt als das Schreiben von *Leere Herzen*. Es ist, als wären dabei gänzlich unterschiedliche Hirnareale aktiv. Jeder Roman entspringt einer besonderen inneren Gestimmtheit. Ich gehe sehr tief in die Handlung und in die Figuren hinein und erlebe viele unterschiedliche emotionale Zustände. Dabei merke ich sehr genau, ob mein politisches Sendungsbewusstsein aktiv ist oder nicht. Normalerweise ist es das nicht oder eben nur teilweise, wie bei *Leere Herzen*. Und dann kann ich das Ergebnis schwerlich als einen politischen Roman in Reinkultur betrachten.

Was vermag politische Literatur?

Vielleicht sollte man erst einmal überlegen, was Literatur überhaupt vermag. Ich würde sagen, Literatur wirkt wie ein Vergrößerungsglas auf die menschliche Existenz. Sie macht Gedanken und Gefühle sichtbar, eröffnet den Blick in andere Wesen und Welten. Da wir alle die wunderbare Fähigkeit der Einfühlung besitzen, können wir uns mithilfe von Literatur auf Phantasiereisen begeben, die auch das Was-wäre-wenn unseres eigenen Lebens ausloten. In Geschichten spiegeln wir uns nicht nur als das, was wir sind, sondern auch als das, was wir sein könnten, im Guten wie im Bösen.

Natürlich eignet sich Literatur aufgrund dieser besonderen Möglichkeiten besonders gut als politisches

Instrument. Sie kann auf Missstände innerhalb einer Gesellschaft hinweisen. Sie kann das Leiden von unterdrückten Bevölkerungsgruppen schildern. Sie kann ein existierendes Menschenbild in Frage stellen, soziale Ungerechtigkeiten aufdecken, das Beste und das Schlechteste in uns zum Klingen bringen. Und natürlich kann sie auch mit satirischen Mitteln die absurden Anteile von Politik und Gesellschaft aufs Korn nehmen. Sie hat also eine erhellende und eine entlastende Tendenz. Der Leser merkt, dass er nicht allein ist mit seinem Unbehagen an der Welt, mit seinen Abgründen und Höhenflügen. Wir Menschen sind uns alle viel ähnlicher, als wir gemeinhin glauben, über alle kulturellen und historischen Grenzen hinweg. Literatur ist die Kunst, die uns immer wieder daran erinnert.

Auch das meinte ich, als ich sagte, dass Literatur ein genuin politisches oder zumindest gesellschaftlich relevantes Potenzial hat. Ganz egal, ob wir sie »politische Literatur« nennen oder nicht. Das Erzählen macht uns zu Menschen, das Erzählen liegt jeder Form von Gemeinschaft und Gesellschaftsbildung zugrunde. Jeder von uns ist nicht nur ein *zoon politikon*, ein politisches Tier, sondern auch ein *homo narrans*, ein erzählender Mensch. Vielleicht könnte man sagen, dass Erzählen die Kunst ist, menschliche Gemeinschaft herzustellen, und Politik die Kunst, diese Gemeinschaft zu gestalten. Dass sich beide Bestrebungen immer wieder treffen und eine gewisse Schnittmenge bilden, versteht sich dann eigentlich von selbst.

IX.

Die zentralen Themen

Was, würdest du sagen, ist das Hauptthema von *Corpus Delicti*?

Der Text behandelt so viele Themen, dass es gar nicht leicht ist, ein Hauptthema zu bestimmen. Natürlich geht es um Biopolitik, um die Grenze zwischen Demokratie und Diktatur, um die Abwägung zwischen Sicherheit und Freiheit. Auch um die Bedingungen von politischem Widerstand. Dahinter stehen dann philosophische Fragen. Was macht den Menschen aus? Wie ist Mensch-Sein definiert, was unterscheidet uns vom Tier? Was ist Menschenwürde, wie fühlt sie sich an? Was bedeutet Glück, was ist das »gute Leben«?

Und dann gibt es noch Themen, die eher indirekt behandelt werden und zwischen den Zeilen aufscheinen. Zum Beispiel: Wie viel kann und darf man wissen? Ist Information eine Erweiterung von Freiheit oder vielmehr eine Bedrohung, weil sie uns auf etwas festlegt, das wir nicht selbst entschieden haben? Wenn ich zum Beispiel erfahre, dass ich einen Gendefekt habe, der mich im Alter von 55 Jahren sterben lassen wird, kann das mein ganzes Leben auf den Kopf stellen. Eine kleine

Information wird mich unter Umständen in eine andere Person verwandeln. Wir Menschen gieren nach Wissen, auch um mit dessen Hilfe die Zukunft zu kontrollieren und den Zufall zu domestizieren. Aber vielleicht ist ja gerade der Zufall Garant unserer persönlichen Freiheit und damit auch Voraussetzung für ein unbeschwertes Lebensgefühl. Statt zu behaupten: »So und so wird es kommen, streng dich an, das Beste daraus zu machen!«, lehrt uns der Zufall: »Es kommt, wie es kommt. Entspann dich.«

Somit ist *Corpus Delicti* auch ein Roman über die Bedeutung von Zeit, über Sterblichkeit, über den Gottesverlust, über die transzendentale Obdachlosigkeit des säkularen Menschen, über die geistigen Folgen von bürgerlicher Emanzipation und Aufklärung.

Fest steht aber, dass Gesundheit im Text eine zentrale Rolle spielt. Du hast vorhin sogar mal von »Gesundheitswahn« gesprochen. Ist es denn nicht gut, sich um seine Gesundheit zu kümmern?

Entscheidend ist, wer sich um wessen Gesundheit kümmert und warum. Ich vertrete den Standpunkt, dass man anderen Leuten möglichst wenig in ihre privaten Angelegenheiten pfuschen sollte, weder als Staat noch als Nachbar oder Kollege. Wenn jemand einen großen Teil seiner Zeit, seines Gelds und seiner Energie auf Gesundheit, Fitness, Jugend, Schönheit und so weiter verwenden möchte, dann soll er das eben tun.

Allerdings gebe ich zu, dass ich unsere Gesellschaft manchmal für dekadent halte, wenn ich im Supermarkt ein Kühlregal mit hundert Sorten Milch sehe, von Kühen, aus Soja, aus Mandeln, Hafer oder Reis, für jede Unverträglichkeit ein Extraprogramm. Da stehen dann Menschen und studieren die Aufschriften auf den Packungen, als handele es sich um die Heilige Schrift. Ich denke dann: Warum steht ihr nicht in einer Buchhandlung und studiert die Klappentexte von Büchern? Wäre doch wesentlich spannender! Oder warum nutzt ihr nicht die Zeit, um schnell per Handy eine Spende in ein Land zu schicken, in dem es überhaupt keine Kühlregale gibt?

Aber das sind meine Prioritäten und nicht die der Milchbetrachter. Jeder Mensch hat das Recht, seine persönlichen Entscheidungen zu treffen. Solange sein Tun niemandem schadet, geht mich nichts an, was er macht. Das Private bleibt das Private und darf nicht durch raffinierte Denkfiguren in eine öffentliche Frage verwandelt werden.

Hier kommen wir jetzt zu meinem eigentlichen Problem mit dem Thema Gesundheit. Mich stört nicht die Auswahl zwischen hundert Sorten Milch, sondern die Politisierung dieser Wahl. Eine Denkfigur, mit der man eine solche Politisierung erreicht, folgt der Formel: Selbstschädigung = Fremdschädigung. Wenn ich mich schlecht ernähre und davon krank werde, müssen die Krankenkassen die Kosten tragen, was eine Belastung der Gemeinschaft darstellt. Also geht meine Ernährungsentscheidung plötzlich alle etwas an. Aus dieser Argumentation ergäbe sich dann das Recht, den Kauf der gesündesten Milch zu belohnen, während zum Beispiel der Kauf eines Buchs belohnungsfrei bliebe.

Ähnliche Denkfiguren funktionieren auch in anderen Bereichen. Das Prinzip ist immer ähnlich: Man belastet eine Verbraucherentscheidung mit moralischen Wertungen und erzielt dadurch eine Politisierung des Privaten. Der Verbraucher wird verpflichtet, an der Supermarktkasse oder im häuslichen Leben die Welt zu retten – obwohl das eigentlich die genuine Aufgabe der Regierenden wäre. Man verknüpft Konsumentscheidungen mit Schuld und bringt die Bürger dazu, ihr eigenes Verhalten als schädlich zu bewerten. Pommes frites schaden der Gesundheit und Autofahren dem Klima. Billige Milchprodukte zerstören die Landwirtschaft und Plastikverpackungen die Weltmeere, und das Kaufen günstiger T-Shirts trägt zur Ausbeutung von Textilarbeitern in der Dritten Welt bei.

Das mag sachlich alles richtig sein. Problematisch ist aber die Umkehr der Verantwortungszusammenhänge. Wer wenig Geld hat, kann sich keine Bioprodukte leisten, und wer in der Provinz lebt, kann nicht aufs Autofahren verzichten. Eine Autofahrt, der Kauf einer Packung Sojamilch oder die Teilnahme an einem Marathon sind eben gerade keine politischen Akte, und so soll es auch bleiben.

Unserem Staatswesen liegt die Idee eines Gesellschaftsvertrags zugrunde, innerhalb dessen die Einzelnen Verantwortung an den Staat abgeben. Dafür garantiert der Staat die Daseinsvorsorge. Dazu gehört auch, politische Rahmenbedingungen zu schaffen, die dazu führen, dass man sich innerhalb eines legalen Rahmens tatsächlich frei bewegen darf. Wenn es billige T-Shirts im Laden gibt, darf der Verbraucher diese auch kaufen. Es ist Aufgabe der Politik, nur solche Produkte innerhalb der EU zuzulassen, die unter menschenwürdigen Bedingungen entstanden sind. Das Gleiche gilt für Umweltschutz, Tierschutz und andere Staatsziele. Den mündigen Bürger durch den schuldigen Konsumenten zu ersetzen ist letztlich eine Absage an die Demokratie. Oder die Verdrängung von Politik durch eine moralisierte Ökonomie.

Politik ist das, was alle angeht, und der Rest geht nur den Einzelnen etwas an. Mein Problem mit Gesundheitspolitik besteht also vor allem in der Verallgemeinerung oder Veröffentlichung eines eigentlich höchstprivaten Lebensbereichs.

Mit anderen Worten: Es spricht nichts dagegen, wenn sich der Einzelne intensiv um seine Gesundheit kümmert. Aber es spricht viel gegen einen Staat, der beginnt, sich übermäßig mit der Gesundheit seiner Bürger zu befassen. Die staatliche Aufgabe besteht im Erhalt des Gesundheitswesens, vor allem in der ausreichenden finanziellen Ausstattung der entsprechenden Institutionen. Da gibt es weiß Gott genug zu tun. Aus neuen Herausforderungen wie steigender Lebenserwartung und wachsenden Gesundheitskosten folgt aber nicht, dass die Bürger »billiger« werden müssen, mit anderen Worten, nicht mehr krank werden dürfen. »Gesund bleiben« darf keine Staatsbürgerpflicht sein. Vielmehr muss es einem reichen Industrieland wie Deutschland möglich sein, medizinische Einrichtungen so ausreichend zu finanzieren, dass die Versorgung der Bürger gewährleistet ist. Das Gleiche gilt übrigens für das Bildungssystem. Ich sehe nicht ein, warum es in derart zentralen Bereichen an Geld fehlen kann. In Krankenhäusern wie in Schulen wird das Personal lächerlich schlecht bezahlt, im ländlichen Raum fehlt es selbst an der Grundversorgung, und bauliche Einrichtungen verkommen im Sanierungsstau. Das ist schlichtweg inakzeptabel, und wir sollten nicht müde werden, auf diese Missstände hinzuweisen, bevor wir uns erzählen lassen, wie viele Schritte wir am Tag laufen müssen.

Du hast jetzt schon mehrmals das Wort Selbstoptimierung verwendet. Kannst du noch mal erklären, was du damit meinst und warum der Begriff so wichtig ist?

Der Begriff bezeichnet aus meiner Sicht die wichtigste Antriebsfeder des zeitgenössischen Menschen. Ein Wort, das unsere Mentalität auf den Punkt bringt.

Noch vor ein paar Jahrzehnten hätte man die Frage, worauf es den Menschen vor allem ankommt, worin sie den Sinn ihres Lebens und ihre wichtigste Motivation sehen, wahrscheinlich mit »Geld, Karriere, Status« beantwortet. Man wollte einen sicheren Job mit gutem Gehalt, ein Auto, vielleicht ein Eigenheim, das man eines Tages den Kindern hinterlassen konnte. Selbstverständlich stellt auch das bereits eine sehr materialistische Weltsicht dar. Aber immerhin konnten die Ziele im Wirtschaftswundermaterialismus der Nachkriegszeit als erreichbar gelten. Wenn es darauf ankam, Arbeit zu finden, ein Haus zu bauen und die Kinder auf eine gute Schule zu schicken, konnte man mit etwas Glück eines Tages sagen: Ich habe es geschafft.

Wenn die Antwort auf die Sinnfrage aber darin besteht, dass alles optimiert werden muss, vor allem man selbst, dann gibt es kein wirkliches Ziel mehr. Es gibt nur noch einen Fluchtpunkt, der sich immer weiter entfernt, je schneller man rennt.

Das bedeutet einen fundamentalen Unterschied zu früheren Ausformungen des menschlichen Selbstverständnisses. In den letzten dreißig Jahren sind das Ich und seine Verwertbarkeit ins Zentrum aller Aufmerksamkeit gerückt. In unserer Wahrnehmung haben sich sämtliche Lebensbereiche in freie Märkte verwandelt: berufliches Fortkommen, Kommunikation, Sport, Partnerwahl und Liebe, soziale Erfolge, ja, das Glücklichsein selbst. Und auf allen diesen Märkten haben wir ein Produkt im Angebot, das es ständig zu verbessern gilt: Ich.

Wem diese Analyse zu extrem erscheint, der soll einmal untersuchen, worum es in den sozialen Medien mit ihren über zwei Milliarden Nutzern geht. Man wird schnell feststellen: Es geht um das Generieren von Aufmerksamkeit für die eigene Person und deren Aussendungen. Oder man schaue sich an, wie der Markt für Selbstverbesserungsangebote aller Art in den letzten Jahren explodiert ist. Dazu gehören die Kosmetikindustrie, die Ernährungs- und Sportindustrie, große Teile der Gesundheitsindustrie, vor allem außerhalb schulmedizinischer Angebote, sowie die ökonomisierte und privatisierte Bildungsindustrie. Die eine Großindustrie richtet sich auf die Verbesserung des Menschen, die andere auf seine optimale Präsentation.

Entsprechend zielt die gesamte Ansprache durch Werbung und Medien darauf ab, das Ich und seine »Möglichkeiten« in den Mittelpunkt zu stellen. Das könnte man als eine freundliche Hinwendung zum persönlichen Wohl betrachten. Ich glaube aber, dass es dem Menschen überhaupt nicht gut bekommt, sich übermäßig mit der eigenen Person zu beschäftigen. Zum einen sind wir soziale Wesen, die Glück und Zufriedenheit eher aus der Hinwendung zu anderen Menschen als aus der eigenen Person beziehen. Zum anderen steckt hinter jedem Angebot, hinter jeder Möglichkeit zur Selbstverbesserung ein mehr oder weniger heimlicher Imperativ. Wenn ich schöner, fitter, gesünder sein *kann* – dann *muss* ich es irgendwie auch. Ich muss ja nur bestimmte Dinge kaufen und tun, Übungen machen, Kurse belegen, Ratgeberliteratur lesen, an mir selbst arbeiten. Wenn ich das nicht will, bin ich an ausbleibenden Erfolgen oder gar am Eintritt von Ka-

tastrophen selbst schuld. Hinter jeder Verbesserungs-
möglichkeit steckt also eine Versagensoption.

Ich bin fest überzeugt, dass wir das alle spüren, ganz
egal, ob wir uns darüber Rechenschaft ablegen oder
nicht. In einer Welt, die auf Selbstverbesserung gerichtet ist, wird Versagensangst zur zweiten Natur des Menschen. Das erzeugt ungeheuren Stress. Meiner Meinung
nach hat die Ausbreitung von Überforderungssyndro-
men wie Burnout nichts mit zu langen Arbeitszeiten
oder »Informationsüberflutung« zu tun. Ich glaube,
dass Burnout eintritt, wenn Menschen es nicht mehr
aushalten, ihr eigener Peitschenschwinger zu sein. Sie
haben verlernt, sich selbst in Ruhe zu lassen, und kommen deshalb auch nicht mehr zur Ruhe. Getrieben werden sie nicht nur von der Hoffnung auf ein besseres Ich,
sondern vor allem von der Angst, im großen Selbstopti-
mierungszirkus nicht mithalten zu können. Selbstoptimierung bedeutet Freiheitsverlust.

Deshalb ist mir dieser Begriff so wichtig, deshalb
spreche ich ständig darüber. Weil ich glaube, dass es
Entlastung bringen kann, wenn man die Zusammenhänge erkennt. Dann ist es vielleicht wieder leichter
zu ertragen, wie wir Menschen wirklich sind. Nämlich ziemlich unperfekt. Vollgepackt mit Minderwer-
tigkeitskomplexen, unerfüllten Lebensträumen, Ängsten und Unpässlichkeiten. Bestenfalls mittelmäßig und,
wenn wir ehrlich sind, begrenzt optimierbar.

Woher kommt denn die Neigung zur Selbstverbesserung? Ist wieder einmal der Kapitalismus an allem schuld?

Der Kapitalismus ist viel älter als der Optimierungswahn. So ganz einfach kann der Zusammenhang also nicht sein. Natürlich spielt Leistungsdenken im Kapitalismus eine enorm wichtige Rolle. Aber es stellt noch einmal eine neue Eskalationsstufe dar, den Optimierungszwang nicht nur auf industrielle Abläufe, sondern auf sich selbst anzuwenden, indem man die eigenen Fähigkeiten und den eigenen Körper zum Projekt und zum Produkt macht.

Früher hat sich vor allem die Kunst in ihren ästhetischen Paradiesgärten mit dem idealen Menschen befasst, in Form einer Statue, eines Bilds oder eines Musikstücks. Heute widmet sich die Kunst eher verschiedenen Formen der Zerstörung, während sich der ganz konkrete, echte, alltägliche Mensch nach einem – naturgemäß nie zu erreichenden – Idealbild formen soll.

Ich glaube nicht, dass dieser epochale Umschwung allein Folge eines bestimmten Wirtschaftssystems ist. Mein Gefühl ist eher, dass sich der Kapitalismus mit entsprechenden Angeboten auf die neuen Bedürfnisse einstellt. Natürlich erzeugen neue Angebote dann auch wieder eine neue Nachfrage. Aber der Kapitalismus ist nicht auf eindimensionale Weise »schuld« an den aktuellen Tendenzen.

Wer dann?

Ich formuliere die Frage etwas um: Was macht uns an diesem Punkt der Geistesgeschichte zu so gnadenlosen Ego-Wesen? Zu Kunstprodukten, oder vielleicht besser: zu Designobjekten?

Ich vermute, wie schon erwähnt, dass dieser Bewusstseinszustand mit dem Gottesverlust zusammenhängt. Der Selbstoptimierer ist ein Mensch, der glaubt, über dem Schicksal zu stehen. Unser Bild vom menschlichen Leben ist nicht mehr das eines Wirrwarrs aus unergründlichen Wegen, auf die wir letztlich keinen Einfluss haben. Wir sehen uns eher als Manager der eigenen Biographie. Alles ist planbar. Alles kann und muss man kontrollieren. Schon Kleinkinder sollen im Kindergarten für den perfekten Weg durchs Leben fit gemacht werden. Wenn im Himmel niemand sitzt, der unsere Geschicke lenkt – dann müssen wir es wohl selbst tun.

Früher war es, wenn etwas Schlimmes geschah, Gottes Wille und nicht persönliches Versagen. Schicksalsgläubigkeit bedeutete eine Entlastung von individueller Verantwortung. Die haben wir uns genommen mit der narzisstischen Idee, alles selbst zu können – und zu müssen.

Von der philosophischen Dimension möchte ich noch einmal auf politische Themen kommen. Du hast in Bezug auf *Corpus Delicti* schon ein paar Mal den Antiterrorkrieg erwähnt. Wie stark hat dich der Diskurs »Freiheit vs. Sicherheit« beeinflusst?

Für mich bedeutete der 11. September 2001, genauer gesagt, die Zeit danach mit den verschiedenen Reaktionen der westlichen Demokratien auf die verheerenden Terroranschläge, eine fundamentale Erschütterung. Es war ein Wendepunkt in meinem ganzen Politik- und Demokratieverständnis. Bis 2001 hatte ich im festen Glauben gelebt, dass die grundlegenden demokratischen Werte in der westlichen Hemisphäre unverbrüchlich seien. Für mich stand fest, dass die Menschheit aus Nationalsozialismus und Stalinismus gelernt hatte. Das bedeutete: Würde, Freiheit und Gleichheit der Menschen waren unbedingt zu schützen. Unter keinen Umständen durften Unterschiede zwischen Bürgern verschiedener Rassen oder Religionen gemacht werden. Die Menschenwürde galt absolut, war also nicht einmal abwägungsfähig. Und die Freiheit des Einzelnen konnte zwar unter bestimmten Bedingungen eingeschränkt werden, war aber ein so hohes Gut, dass sie jederzeit berücksichtigt werden musste und nicht einfach einer beliebigen Staatsräson zum Opfer fallen durfte.

Diese Prinzipien hielt ich für Selbstverständlichkeiten. Ich fühlte mich, was die menschenrechtlichen Fundamente betraf, komplett im Einklang mit dem System, in dem ich lebte. Ich glaubte, dass alle meine Mitbürger, alle Politiker, kurz, die gesamte Gesellschaft in diesen Fragen genauso dachten wie ich.

Dann kam 9/11. Binnen Minuten schien nichts mehr von dem zu gelten, an das ich geglaubt hatte.

Verstehe ich es richtig, dass nicht die Terroranschläge dich geschockt haben, sondern die Reaktionen darauf?

Natürlich waren die Attentate ein Schock. Ein grausamer, sinnloser Massenmord. Sie hinterließen mich genauso fassungslos wie uns alle. Trotzdem gab es für mich nur eine Antwort darauf: noch fester zu unserer Demokratie zu stehen! Gewiss sollten die Täter verfolgt und bestraft werden. Genauso wichtig war und ist es, weitere Attentate zu verhindern. Aber immer im Rahmen unserer demokratischen Grundwerte, stets im Einklang mit der Demokratie!

Stattdessen verabschiedeten sich die Vereinigten Staaten vom Völkerrecht und begannen gegen Afghanistan einen Angriffskrieg, dem viele westliche Demokratien beitraten, unter anderem Deutschland. Gleichzeitig wurden immer mehr Gesetze erlassen, die massiv in die Freiheit der Bürger eingriffen. In Guantánamo wird bis zum heutigen Tag ein Lager betrieben, in dem Menschen im völlig rechtsfreien Raum festgehalten und grausam gefoltert werden – von Vertretern der westlichen Demokratie. Als Deutschland mit Murat Kurnaz einen deutschen Staatsbürger und Guantánamo-Insassen aufnehmen sollte, der selbst aus Sicht des amerikanischen Geheimdienstes keinerlei terroristischen Hintergrund besaß, weigerten sich die deutschen Behörden aus »Sicherheitsgründen«, so dass Kurnaz noch eine halbe Ewigkeit in Guantánamo verbleiben musste.

Auf einmal gab und gibt es wieder Menschen zweiter Klasse. Am Sicherheits-Check des Flughafens müssen junge muslimische Männer mit langen Kontrollzeiten rechnen. Es werden schwarze Listen geführt, auf die man schon aufgrund einer Namensverwechslung geraten kann, was bedeutet, dass man als Staatsfeind behandelt, unter Umständen observiert und abgehört wird oder kein Flugzeug mehr besteigen darf. Starke Kräfte in der Gesellschaft versuchen, immer neue staatliche Kompetenzen gegen »Gefährder« durchzusetzen, die somit zu Menschen mit einem rechtlichen Sonderstatus werden. Mithilfe absurder Szenarien (»Ein Terrorist hat eine Bombe versteckt und weigert sich, sie zu entschärfen«) wird laut darüber nachgedacht, in bestimmten Situationen Folter zu legalisieren. Von anerkannten Juristen wird auch in Deutschland das »Feindstrafrecht« aus der Kiste geholt, ein Versuch, eine Art Kriegsrecht gegen Terroristen einzuführen, für die dann andere Regeln gelten sollen als für »normale« Bürger.

Jede neue Maßnahme, jede neue rhetorische Absurdität traf mich bis ins Mark. Ich konnte kaum fassen, was um mich herum geschah. Alles, woran ich fest geglaubt hatte, brach in sich zusammen. Denn was zählen demokratische Prinzipien, wenn man sie über Bord wirft, sobald man sich bedroht fühlt? Was zählen Menschenrechte, wenn man sie einer hysterisierten Medienöffentlichkeit opfert, um populistisch Wählerstimmen zu gewinnen?

Eine Schönwetter-Demokratie ist keine Demokratie. Gerade in schlechten oder schwierigen Zeiten muss man sich darauf verlassen können, dass die gemeinsamen Grundwerte ihre Gültigkeit behalten. Hier wurden mit leichter Hand demokratische Errungenschaften aufgegeben, die zuvor jahrzehntelang mühsam erworben und verteidigt worden waren.

Und all das geschah im Namen der »Sicherheit«.

Genau. Binnen weniger Jahre wurde Sicherheit zu einem Super-Wert, dem alles andere zu weichen hatte. Die Angst vor Terrorismus beziehungsweise vor dem gesamten islamischen Kulturraum wurde unter dem Stichwort »Clash of Civilizations« derart geschürt, dass Freiheit plötzlich wie eine nette Idee wirkte, die sich unter diesen Umständen niemand mehr leisten kann. Dass unsere Verfassung die Grund*freiheiten* und nicht die Grund*sicherheiten* der Bürger schützt – geschenkt. Dass unsere Nationalhymne mit den Worten »Einigkeit und Recht und Freiheit« und nicht etwa mit »Einigkeit und Recht und Sicherheit« beginnt – vergessen. Die Terroranschläge trafen auf eine Grundstimmung in der Bevölkerung, die durch Orientierungslosigkeit,

Versagensangst, Identitätsverwirrung und mangelndes Selbstvertrauen geprägt war. Über die Probleme mit dem unverdauten Gottesverlust haben wir schon gesprochen. Hinzu kamen einschneidende Veränderungen in den vorangegangen Jahren wie das Ende des Kalten Krieges, das rasante Voranschreiten des globalisierten Kapitalismus, die Umstrukturierung von Familie und Gesellschaft durch die Emanzipation der Frau. Die allgemeine Atmosphäre wird nach wie vor eher durch Verunsicherung und apokalyptische Visionen geprägt als durch Fortschrittsglaube und Gestaltungswillen. »Sicherheit« scheint das zu sein, wonach sich alle sehnen, auch wenn damit gewiss eine tiefere, metaphysische Form von Sicherheit gemeint ist, die sich durch den Aufbau neuer Feindbilder nicht herbeiführen lässt.

Dementsprechend hat der Kampf gegen den Terrorismus die Sicherheitsgefühle der Bevölkerung ja auch nicht erhöht, sondern die Ängste weiter anwachsen lassen. Wir haben genau das getan, was die Terroristen von uns wollten: in Panik verfallen, die eigenen Grundwerte in Frage stellen, Demokratie und Freiheit einschränken, zum autoritären Regierungsstil zurückkehren, wie es derzeit in vielen Ländern Europas und Nordamerikas zu beobachten ist.

In diesem Sinne war der 11. September 2001 die Geburtsstunde meines politischen Bewusstseins. Zwar hatte ich mich auch schon zuvor für Politik interessiert, eigentlich bereits seit meiner Kindheit. Aber es war eher ein argumentatives, kein aktivistisches oder gar kämpferisches Interesse gewesen. Jetzt hatte ich das Gefühl, etwas tun zu müssen, und »tun« heißt für eine Schriftstellerin vor allem: schreiben. Mein erster Essay, den ich jemals in einer Tageszeitung publiziert habe, befasste sich mit dem Krieg gegen Afghanistan, der für mich nicht nur einen Rechtsbruch, sondern auch einen Kulturbruch darstellte.

Von da an schrieb ich eine Menge Aufsätze und gemeinsam mit Ilija Trojanow auch ein ganzes Buch, das sich mit dem Thema »Freiheit vs. Sicherheit« befasst. Ich versuchte, ein Bewusstsein dafür zu schaffen, dass echte Sicherheitspolitik nichts mit dem Einschränken von Rechten und dem Schüren von Ängsten zu tun hat, sondern vor allem mit der Förderung von gesellschaftlichem und militärischem Frieden. Wenn man sich die politischen Entwicklungen der letzten Jahre anschaut, muss man wohl sagen, dass diese Anstrengungen nicht besonders erfolgreich waren. Was aber nicht bedeutet, dass ich mein Engagement als sinnlos betrachten würde.

Corpus Delicti ist unter anderem eine Folge meiner Politisierung im Spannungsfeld von Freiheit und Sicherheit. Ohne 9/11 hätte es diesen Text niemals gegeben. Noch am Tag davor wäre es mir völlig sinnlos erschienen, einen Roman über eine Gesundheitsdiktatur zu schreiben. Denn Gesundheit ist ja gewissermaßen ein Synonym für Sicherheit, für die Sehnsucht nach einem störungsfreien, unbedrohten, schmerzfreien, gut kontrollierten Leben. Vor 9/11 hätte ich die Vorstellung, dass sich unsere Gesellschaft vom Freiheitsglauben verabschieden könnte, weit von mir gewiesen. Nach 9/11 wurde ich eines Besseren oder vielmehr Schlechteren belehrt. Jahrelang habe ich mir den Kopf darüber zerbrochen, wie es sein kann, dass die Menschen auf einem historischen Höhepunkt von Frieden, Wohlstand, Bequemlichkeit und Vorsorge derart verängstigt sind, statt die Freiheit zu genießen. *Corpus Delicti* ist Zeugnis dieses schmerzhaften Lernprozesses.

Mit dem Sicherheitsbegriff ist das Konzept von Prävention verbunden. Was ist daran das Problem?

Eigentlich wirkt »Prävention« ja wie ein harmloser Begriff. Man könnte auch an Prophylaxe denken, dann klingt es ein bisschen nach Zahnreinigung. Das Konzept leuchtet auf den ersten Blick auch ein: Ist es nicht viel besser, ein schädigendes Ereignis zu verhindern, egal, ob ein Verbrechen oder eine Erkrankung, anstatt es erst geschehen zu lassen und sich dann mit den Folgen auseinanderzusetzen? Die meisten Menschen würden diesem Gedanken sicherlich zustimmen. Und doch ist Prävention, wenn sie politisch betrieben oder gar übertrieben wird, ein zutiefst undemokratischer, wenn nicht gar totalitärer Ansatz.

Ich glaube, um das zu ergründen, müsstest du noch ein bisschen ausholen.

Wir kommen jetzt gewissermaßen ans politisch-philosophisch Eingemachte. Um zu verstehen, was Prävention ist, muss man erst einmal über die Zukunft nachdenken. Einer der ältesten Menschheitsträume besteht darin, in die Zukunft blicken zu können. Das vermag nicht zu überraschen, denn wer die Zukunft wüsste, wäre endlich Herr über sein eigenes Schicksal. Er könnte die richtigen Entscheidungen treffen, immer alles zum Guten wenden, Chancen optimal nutzen, Risiken effektiv vermeiden, sein Glück suchen, und zwar nicht als ein Blinder, der zufällig in den Geschicken herumtastet, sondern als Wissender, der den richtigen Weg sieht und bewusst verfolgen kann.

Zukunftswissen ist letztlich eine göttliche Eigenschaft. Logisch betrachtet ist eine Kenntnis der Zukunft völlig unmöglich. Denn die Zukunft ändert sich in jeder Bruchteilssekunde aufgrund von Abermilliarden winziger Entscheidungen, aus denen die Gegenwart besteht. Nicht nur Menschen, Tiere und Pflanzen »entscheiden« sich in jedem Augenblick zwischen einer unendlichen Menge von Optionen. Auch die anorganische Materie hebt sich mit den Bewegungen auf atomarer Ebene in jedem Augenblick aus einem Meer von Möglichkeiten heraus, um das »Jetzt« oder auch »Sein« zu konstituieren.

Führt man sich das vor Augen, wird schnell klar, dass Zukunft nichts Feststehendes ist, nichts, das man »wissen« oder »kennen« kann. Sie ist ein waberndes Gebilde, nichts weiter als eine Fiktion des menschlichen Gehirns. Zu komplex, um auch nur annähernd erfasst zu werden.

Trotzdem glauben wir fest an das Konzept von Zukunft, weil wir es für unsere Alltagstauglichkeit brauchen. Wir müssen uns vorstellen können, was passiert, wenn wir eine heiße Herdplatte anfassen. Wir müssen auch wissen, was wir am nächsten Tag vorhaben, und wir wollen in etwa planen, wie unser künftiges Leben verläuft – denn diese Idee ist Teil unserer Identität. Dass es sich bei solchen Zukunftsgedanken gar nicht um »Wissen«, sondern eher um »Wollen«, »Hoffen«, »Fürchten« oder »Glauben« handelt, ist uns mal mehr und mal weniger bewusst, spielt aber für unsere Überlebensfähigkeit keine Rolle. Wir finden uns in der Zeit gerade so gut zurecht, wie es nötig ist, um die Selbst- und Arterhaltung einigermaßen zu sichern. Dafür hat die Evolution gesorgt.

Nun hat sich aber die westliche Mentalität so entwickelt, dass die Zukunftsgerichtetheit immer stärker geworden ist. Das war nicht immer so, und es muss auch nicht so sein. Ich habe vorhin schon vom Menschen ohne Schicksal gesprochen. Zu ihm gehört das Getriebensein, die ständige Pflicht, Fehler zu vermeiden, also im Jetzt und Hier alles richtig zu machen, damit *in Zukunft* nichts Schlimmes geschieht. Wer nicht an das Schicksal glaubt, also auch nicht an die eigene Unschuld, sondern sich angesichts möglicher künftiger Katastrophen schon heute zum Schuldigen macht, für den werden Vorsorge, Prävention, Prophylaxe zur zweiten Natur. Auch für den *homo oeconomicus,* den Leistungs- und Karrieremenschen ist Zukunftsorientierung selbstverständlicher Teil seiner Persönlichkeit. Er plant und schuftet im Jetzt für die erhofften Erfolge im »Demnächst«. Seine Tätigkeiten sind niemals Selbstzweck, sondern stets auf eine Möglichkeit oder Chance gerichtet – wobei diese automatisch auch im Schatten des möglichen Misserfolgs und Scheiterns stehen.

Dass diese Haltung Menschen unter enormen Stress setzt, habe ich bereits erwähnt. Angststörungen, Erschöpfungsdepressionen und Burnout sind die Folge. Als Gegenmittel verbreiten sich Meditations- und Achtsamkeitstechniken quer durch alle Schichten der Bevölkerung, um den Zukunftsmenschen das Leben in der Gegenwart wieder beizubringen. Wobei auch das Erlernen von Achtsamkeit wiederum eine starke Optimierungs- und Präventionskomponente besitzt: Wer heute wirksam Stress bekämpft, wird morgen nicht krank.

Spielen digitale Technologien für die allgemeine Zukunftsfixierung ebenfalls eine Rolle?

Informationstechnologien eröffnen auf diesem Gebiet ganz neue Optionen. Big Data ist im Grunde ja nichts anderes als eine riesige Kristallkugel, die dazu dienen soll, Künftiges vorauszusagen. Je mehr Daten man sammelt, je genauer man den Ist-Zustand informationell definieren kann, desto präziser scheinen algorithmische Vorhersagen des Kommenden zu werden, ganz gleich, ob es sich um das Wetter von morgen, das Klima in zehn Jahren, eine künftige Erkrankung oder das Einkaufsverhalten von Max Mustermann bei seinem nächsten Amazon-Besuch handelt. Natürlich sind die Prognosen von Big Data keine echten Voraussagen, sondern nur Wahrscheinlichkeitsrechnungen. Aber da uns Menschen beim Blick nach vorn außer Wahrscheinlichkeitserwägungen ohnehin nichts zur Verfügung steht, sind wir daran gewöhnt, verbleibende Unsicherheitsfaktoren auszublenden. Für uns reicht es, wenn etwas meistens oder sehr wahrscheinlich oder ziemlich sicher funktioniert.

Weil es Big Data gibt, verbreiten sich Prognosen, und an diese Prognosen knüpfen wir nicht nur individuelle, sondern auch weitreichende politische und gesellschaftliche Entscheidungen. Die technischen Möglichkeiten katapultieren uns mit rasantem Tempo immer weiter in die Zukunft – natürlich nicht mit unserer real existierenden biologischen Existenz, die ja gerade durch Gegenwärtigkeit definiert ist, aber mit unserem Geist und unseren Gedanken.

Was macht das mit den Menschen?

Auf rationaler Ebene macht uns das zu Strategiewesen, auf emotionaler zu Wunschwesen, Hoffnungswesen und Angstwesen. Auseinandersetzung mit der Zukunft bedeutet elementare Verunsicherung. Sie bedeutet auch potenzielle Schuld. Wenn ich mein Kind nicht viermal in der Woche zum Förderunterricht bringe, bin ich schuld daran, wenn es später keinen tollen Job bekommt. Und wenn ich weiter Auto fahre, trage ich Mitschuld am Untergang des Planeten.

Heute gibt es Big Data – in den frühen Mythologien gab es Seher, Priester oder Orakel, die in ihren Weissagungen das Kommende wenigstens punktuell voraussehen konnten. Interessanterweise führen die Prophezeiungen in den alten Mythen meistens ins Unglück – und zwar nicht etwa, weil sie falsch wären. Manchmal ereignet sich die Tragödie, weil jemand nicht auf die Weissagung hören will. Manchmal auch, weil eine Vorhersage missdeutet wird. Aber am häufigsten kommt es zur Katastrophe, weil der Betroffene versucht, das Vorhergesagte zu verhindern – und es dadurch erst recht herbeiführt.

All diese Narrationen warnen im Grunde davor, dass der Versuch, das eigene Schicksal im Voraus zu kennen, ins Unglück führt. Zukunftswissen ist kein Segen, sondern ein Fluch. Es ist eine Anmaßung des Göttlichen, wofür die Menschen traditionell bestraft werden. Wie so oft stecken in den alten Legenden, die auf den ersten Blick naiv wirken, tiefe Kenntnisse über die menschliche Psychologie. Etwas provokant könnte man formulieren: »Nicht Wissen, sondern Nicht-Wissen schenkt den Menschen Freiheit.« Das ist natürlich keine absolute Aussage, sondern eher Teil einer dialektischen Überlegung. Einerseits steigert Wissen die Kompetenz eines Menschen, sich zwischen verschiedenen Möglichkeiten zu entscheiden – das kann man als Zuwachs an Freiheit betrachten. Andererseits bedeutet ein Zuviel an Information aber auch Einschränkung. Sie macht uns zu Sklaven des Kontrollzwangs.

Im Grunde hat uns also schon die griechische Mythologie vor Big Data gewarnt.

Ich glaube nicht, dass Technologien an sich problematisch sind. Es kommt immer darauf an, was man daraus macht. Und in diesem Zusammenhang droht die Implementierung eines Konzepts wie »Prävention« gefährliche Folgen zu zeitigen.

Prävention basiert ja auf der Idee eines zumindest relativen Zukunftswissens und ist deshalb gerade in der Epoche von Big Data so attraktiv geworden. Wenn Datensammeln dabei hilft, künftige negative Ereignisse mit einer gewissen Wahrscheinlichkeit vorauszusagen, dann kann man diese verhindern. So lautet die moderne Erlösungshoffnung.

Was im Politischen daraus folgt, ist vor allem eine doppelte Verkehrung der Unschuldsvermutung. Und zwar im kriminalistischen, aber auch in einem weiterreichenden, anthropologischen Sinn. Wenn man nämlich nicht nur betrachtet, was ein Mensch getan hat, sondern auch, was er tun könnte, gibt es überhaupt keine Unschuld mehr.

In Steven Spielbergs Film *Minority Report,* der auf einer Erzählung von Philip K. Dick basiert, kann die Polizei mithilfe von drei hellseherischen »Precogs« künftige Verbrechen vorhersehen. Die potenziellen Täter werden verhaftet, bevor sie etwas getan haben. Um die Gefahren von Prävention klarzumachen, hebt der Film vor allem darauf ab, dass jeder präventiven Maßnahme eine Prognose zugrunde liegt, die auch falsch sein kann.

Aus meiner Sicht ist die Fehleranfälligkeit aber nicht das Hauptproblem. Das Problem besteht darin, überhaupt Maßnahmen an ein mögliches künftiges Verhalten zu knüpfen.

Nicht umsonst ist unser gesamtes Strafrecht vergeltend und eben nicht präventiv gestaltet. Es lässt den Menschen die Freiheit, sich falsch oder richtig zu verhalten. Fehlverhalten wird bestraft, in schweren Fällen auch drakonisch, bis hin zum lebenslänglichen Freiheitsverlust – aber immer erst im Nachhinein, nach begangener Tat und erwiesener Schuld.

Prävention mag »gut gemeint« sein; radikal betrieben führt sie aber zu einer ungeheuren Machtakkumulation bei den präventiv arbeitenden Institutionen und zu einem massiven Freiheitsverlust bei den Einzelnen, die präventiv behütet werden sollen.

Hinzu kommt, dass sich im Rahmen des Präventivdenkens Krankheit oder Versagen mit Schuld verknüpfen – man hätte ja gesünder leben, weniger rauchen, mehr lernen, sich mehr bewegen, mit anderen Worten, präventiv tätig werden können, um eine Erkrankung oder andere Störung zu verhindern. Tritt sie doch ein, ist man zumindest teilweise »selber schuld«, und ein solidarisches Einstehen für den Betroffenen wird als Zumutung empfunden.

Solidarität und soziale Vorsorge sind aber im Gegensatz zur Prävention die wahren Garanten unserer Freiheit. Indem wir die allgemeinen Risiken des Lebens wenigstens teilweise sozialisieren, ermöglichen wir uns gegenseitig einen freien Umgang mit unserer jeweiligen Existenz. Wir dürfen uns für die eine oder andere Arbeit, Freizeitbeschäftigung oder Reise entscheiden, und wenn irgendetwas gründlich schiefgeht, fängt die Gemeinschaft uns auf, so gut es geht.

Solidarität hat einen beruhigenden, angstmindernden Effekt. Präventionsdenken hingegen macht uns Menschen zu Getriebenen, die sich an der unerfüllbaren Aufgabe abarbeiten, die Zukunft in den Griff zu kriegen.

In *Corpus Delicti* beschreibst du also im Grunde einen Präventionsstaat.

Die gesamte METHODE legitimiert sich durch den Präventionsgedanken. Die Gesellschaft hat sich von jeder Form der Solidarität verabschiedet. Zusammenhalt wurde durch soziale Kontrolle ersetzt. Die Beziehungen sind von Misstrauen geprägt, jeder Mitbürger ist ein potenzieller Krankheitsherd. Auf der Straße läuft man mit Mundschutz herum, um sich vor Ansteckung zu bewahren. Auch die strenge Regulierung des Alltags ist ein Ausdruck von Prävention, denn das »richtige«, gesunde und vernünftige Leben schützt am besten vor Krankheit. Würde man sich seinen Lebenspartner selbst aussuchen, so riskierte man, Kinder mit Erbkrankheiten in die Welt zu setzen. Also ist auch die staatliche Organisation der Partnerwahl eine Form der Prävention.

Wird dennoch jemand krank, so muss bei diesem hohen Schutzniveau automatisch vermutet werden, dass er ein Delinquent ist. Er hat höchstwahrscheinlich gegen irgendwelche Regeln verstoßen. Deshalb ist Krankheit verknüpft mit Versagen, sogar mit Schuld. Sie ist ein Grund, den Betreffenden auszugrenzen. Gut vorstellbar, dass es in der *Corpus-Delicti*-Welt Quarantänestationen gibt, in denen Menschen festgehalten werden, die die kleinsten Anzeichen von Krankheit zeigen. Mit dem Begriff »Quarantäne« könnte man mühelos jeden Freiheitsentzug rechtfertigen, so wie man mit dem Begriff »Terrorismus« ebenfalls präventiven Freiheitsentzug zu rechtfertigen beginnt – auch in Deutschland. Im Jahr 2009 wurde in Bayern ein junger Mann acht Tage lang inhaftiert, um das Oktoberfest vor Anschlägen zu schützen – dabei gab es keine konkreten Hinweise auf ein geplantes Attentat. Dies ist nur ein Beispiel von vielen für das Funktionieren von »Prävention« in der echten Welt.

Die METHODE schreibt vor, »das persönliche und das allgemeine Wohl zur Deckung zu bringen«. Man könnte es auch das Herstellen einer fatalen Win-win-Situation nennen: Prävention schützt den Einzelnen vor dem Lebensrisiko und die Herrschenden vor Machtverlust. Dem gegenüber steht das Lose-Lose desjenigen, der als Erreger, Gefährder oder anderer Störenfried identifiziert wird.

Ich glaube, man muss nicht weiter erklären, warum ein solcher Ansatz das Ende von Demokratie bedeutet. Wird Prävention politisch gedacht, zeitigt sie sehr schnell absurde Folgen, die jedoch alle in sich völlig logisch sind. *Corpus Delicti* will darauf hinweisen, dass wir es hier nicht nur mit einem graduellen, sondern mit einem grundsätzlichen Problem zu tun haben. Es geht nicht nur darum, wie viel Prävention eine freiheitliche Gesellschaft gerade noch erträgt. Sondern darum, dass schon die Idee von Prävention eine Bedrohung der Freiheit darstellt.

Folgt daraus, dass präventive Maßnahmen gleich welcher Art strikt zu unterlassen sind? Das kann doch eigentlich nicht das Ergebnis solcher Überlegungen sein.

Natürlich nicht. Aber staatliche Präventivmaßnahmen sollten stets mit geschärftem kritischem Bewusstsein betrachtet werden, egal, ob es sich um Impfpflichten oder um Vorratsdatenspeicherung handelt. Das Grundgesetz ist ja glücklicherweise so konzipiert, dass es dem Wunsch nach Prävention und Sicherheit immer wieder die Freiheit des Einzelnen entgegenhält. In den letzten Jahren war es eine häufige Aufgabe des Bundesverfassungsgerichts, die Regierung beim Erlass von Präventivgesetzen zu bremsen.

Mich besorgt die Vehemenz, mit der im Namen der Sicherheit immer wieder gegen die Freiheit des Einzelnen angerannt wird. Viele Menschen verstehen überhaupt nicht mehr, was an Prävention das Problem sein soll. Das Leben wird als gefährlich und andere Menschen werden als bedrohlich betrachtet, vor allem dann, wenn sie von »woanders« kommen, also gewissermaßen als »Eindringlinge« in unseren gesunden »Volkskörper« auftreten. Rechtspopulisten argumentieren präventiv, wenn sie behaupten, dass Flüchtlinge eine Gefährdung für unser »Volk« darstellen, zum Beispiel, weil sie kriminell werden könnten oder weil sie den »Gesellschaftsorganismus« schon allein durch ihre Andersartigkeit verändern. Tag für Tag sehen wir dabei zu, wie es immer schwieriger wird, solchen Argumenten überhaupt noch etwas entgegenzusetzen. Selbst vernünftige Erwägungen wie die Tatsache, dass Deutschland verzweifelt auf Zuwanderung angewiesen ist, wenn es volkswirtschaftlich überleben will, dringen in gewissen Kreisen gegen die präventive Idee von volksbiologischer Selbstverteidigung nicht mehr durch.

Vielleicht ist es auf den ersten Blick ein bisschen schwer einzusehen, was die übertriebene Sorge um die eigene Gesundheit mit der Angst vor Migranten zu tun hat. Aber das ist eben genau der Punkt. Beide Impulse sind Ausdruck der Vorstellung, es ginge im Leben in erster Linie darum, möglichst jede Form von Bedrohung vom Einzelnen und von der Allgemeinheit abzuwenden. Hat man diesen Gedanken einmal zugelassen, verblassen demgegenüber alle anderen Werte.

Stellt *Corpus Delicti* in diesem Sinn eine Absage an die Ideen der Aufklärung dar? Man könnte Prävention ja als eine Ausprägung des Rationalismus sehen.

Es stimmt, dass die Präventionsidee letztlich aus der Säkularisierung folgt, aus der »Befreiung des Menschen aus seiner selbstverschuldeten Unmündigkeit«, wie Immanuel Kant es ausgedrückt hat. Trotzdem würde ich die Frage gern mit »teils, teils« beantworten. Soweit die Aufklärung als Geburtshelferin des Humanismus zu betrachten ist, versucht *Corpus Delicti*, diese Flagge hochzuhalten. Der Mensch wird durch den Geist, nicht durch den Körper bestimmt, weshalb Bildung und nicht Gesundheit der Weg in die Selbsterfüllung ist – so ließe sich eine der Botschaften von *Corpus Delicti* zusammenfassen.

Nun wohnt aber dem Humanismus – wie vermutlich allen großangelegten Denkmodellen – ein Paradoxon inne, das keine lästige Begleiterscheinung eines eigentlich sinnvollen Konzepts, sondern Teil von dessen Fundamenten ist. Aus dem anthropozentrischen Weltbild, das den Menschen als vernünftiges Wesen in den Mittelpunkt aller Betrachtungen und Anstrengungen stellt, folgt dessen Projektwerdung. Der verbesserungsfähige Mensch ist immer auch ein Mängelwesen. Indem also der Humanismus versucht, den Menschen zur Selbstbestimmtheit zu ermächtigen, drängt er ihn auch gleich wieder zurück in die Objektposition, weil er ihn als Gegenstand eines permanenten Gestaltungswillens behandelt.

Theodor W. Adorno und Max Horkheimer gehen in ihren kritischen Schriften von einem »Doppelcharakter«, einer Dialektik der Aufklärung aus: »Die Aufklärung verhält sich zu den Dingen wie der Diktator zu den Menschen. Er kennt sie, insofern er sie manipulieren kann.« (*Dialektik der Aufklärung. Philosophische Fragmente*) Die »Entzauberung der Welt«, die durch die Hinwendung zur Vernunft ihren Anfang nahm, führt heute zu einer biologistischen Betrachtung aller menschlichen Regungen, nicht nur zu einer Entzifferung des Genoms, sondern auch zur Quantifizierung von Gefühlen als bloße hormonell-neuronale Effekte, zur Leugnung des freien Willens und zur naturwissenschaftlichen Jagd auf Seele und Bewusstsein. Nicht nur in *Corpus Delicti*, auch auf den algorithmisch betriebenen Datingplattformen unserer realen Welt wird selbst die Liebe als ein berechenbares und damit herstellbares Phänomen betrachtet. Hier erreicht die Kälte des Menschen im Umgang mit sich selbst ein neues Hochplateau – in *Corpus Delicti* ist Fluchtpunkt dieser Kälte das Einfrieren als eisgewordene Pervertierung des Rationalismus: Die totale Optimierung des Menschen ist seine totale Unschädlichmachung.

Und Mia begreift am Ende diesen Zusammenhang?

Nachdem Moritz' Unschuld erwiesen ist, hält Mia ihrem Widersacher Kramer entgegen, sie sei in der glücklichen Lage, das Rationalisieren aufgegeben zu haben, und könne nun mit dem Herzen denken. Dies darf man als Ausdruck der Erkenntnis verstehen, dass sich der Mensch eben nicht in vernünftigen Anstrengungen erschöpft, dass vielleicht sogar alles, was echte Freiheit bedeutet, auf ein Quäntchen Unvernunft angewiesen ist: Genuss, Risiko, Liebe, intensives Erleben des Augenblicks. Indem Mia anfängt, ihren Gefühlen zu vertrauen, verlieren Kramers logische Argumentationen jede Macht über sie. Nicht durch die Vernunft, sondern durch Liebe und Loyalität zu ihrem Bruder findet Mia Kontakt zu sich selbst und damit letztlich auch Zugang zu ihrer persönlichen Freiheit, obwohl sich die METHODE bemüht, ihr alles zu nehmen, was sie ausmacht.

Wie kommt es überhaupt, dass humane Ideen in Tyrannei und Inhumanität münden? Den Sozialismus hattest du schon kurz erwähnt, aber auch das Christentum mit der Inquisition wäre hier ein naheliegendes Beispiel.

In meinem Roman *Unterleuten* denkt der Vogelschützer Gerhard Fließ an einer Stelle über ein Zitat von Goethe nach. Mephisto sagt zu Faust: »[Ich bin] ein Teil von jener Kraft, die stets das Böse will und stets das Gute schafft.« Nach Meinung von Gerhard Fließ müsste der Satz eigentlich andersherum lauten. Denn der Fluch der menschlichen Existenz besteht aus seiner Sicht darin, dass Menschen etwas Gutes wollen und dadurch etwas Böses schaffen.

Das sehe ich ähnlich wie Gerhard Fließ. *Unterleuten* widmet sich maßgeblich diesem tragischen Paradoxon. So oft scheinen Menschen bösartig oder schlichtweg dumm zu handeln. Aber wenn man sich empathisch auf den Einzelnen einlässt, stellt man fest, dass er zu keinem Zeitpunkt etwas Böses wollte. Er glaubte im Gegenteil, ein berechtigtes Ziel zu verfolgen. Aus der Innensicht erscheint den Menschen ihr eigenes Handeln fast immer »gut«. Böse sind eher die anderen.

Das bedeutet also, dass »Böses« in den meisten Fällen nicht »Bös-Gemeintes«, sondern eher »Zu-gut-Gemeintes« ist, ganz gleich, ob aus egoistischen oder altruistischen Motiven. Am Ende von *Unterleuten* sagt die heimliche Erzählerin Lucy Finkbeiner: »Wenn ich in

Unterleuten eins gelernt habe, dann dass jeder Mensch ein eigenes Universum bewohnt, in dem er von morgens bis abends recht hat.«

Was im kleinen Rahmen einer Dorfgemeinschaft gilt, gilt erst recht im großen Stil. Ich glaube, dass der Grund für das Umschlagen von Menschheitsbeglückungsideen in Menschenunterdrückungspraktiken nicht in der Qualität der jeweiligen Idee liegt, sondern in ihrer Verabsolutierung.

Einfacher gesagt: Es geht nicht darum, was man für richtig hält, sondern um die Frage, ob man zu Kompromissen bereit ist. Der Satz »Alles ist relativ« verweist nicht nur auf ein physikalisches Phänomen. Er ist die Grundformel aller menschlichen Beziehungen.

Das ist das Schöne und zugleich so schwer Erträgliche an der Demokratie: Sie erhebt Relativität zum Prinzip. Zwar schützt sie auch allgemeine Werte. Aber wie die konkrete Ausgestaltung dieser Werte in der Wirklichkeit auszusehen hat, ist einem aufwändigen gesellschaftlichen Verständigungsprozess unterworfen, der permanent auf den verschiedensten Ebenen stattfindet – medial, politisch und auch zu Hause am Küchentisch.

Gerade diese Komplexität erzeugt leider in vielen Menschen ein Gefühl von Orientierungslosigkeit. Wenn immer über alles gesprochen werden muss, dann scheint nichts so richtig zu gelten. Woran soll man sich dann halten in dieser großen und komplizierten Welt?

Um zu begreifen, dass Verständigung ein Wert an sich

ist, muss man die Sehnsucht nach einfachen Antworten loslassen und auf eine höhere Stufe von politischem Bewusstsein gelangen. Da dies nicht allen Menschen gelingt, haben populistische Politiker mit ihrer Neigung, Forderungen absolut zu setzen, in verwirrten Zeiten einen Vorteil gegenüber den Verteidigern der Demokratie. »Sicherheit«, »Nation«, »Vaterland«, »Abendland« – für diese und ähnliche Begriffe sind in der Vergangenheit bereits Unmengen von Menschen gestorben. Absurderweise haben die Begriffe ihre Attraktivität dennoch nicht gänzlich verloren. Das Absolute zieht die Menschen magisch an, obwohl – oder weil? – ihm die Kraft zu großer Vernichtung innewohnt.

Du hast dich in deinem politischen Wirken viel mit Datenschutz befasst. Ist die METHODE der Prototypus eines Überwachungsstaats?

Da ich in *Corpus Delicti* auf eine Darstellung der technischen Realitäten fast komplett verzichtet habe, kann ich diese Frage nicht mit »Ja« beantworten. Die Welt, in der die Geschichte spielt, hat etwas Anachronistisches. Man weiß nicht einmal, ob es das Internet gibt. Es werden Sensoren in den Toiletten erwähnt, und natürlich gibt es den Chip unter der Haut, der, wie es an einer Stelle heißt, wiederum mit Sensoren am Wegesrand kommuniziert. Wir können also schon davon ausgehen, dass die Methodenbürger rund um die Uhr beobachtet und bewacht bzw. vermessen werden.

Aber was mich bei *Corpus Delicti* stärker interessierte als die technischen Möglichkeiten, waren die sozialen Bedingungen von Überwachung. Wer überwacht eigentlich wen?

Dave Eggers hat die aktuellen Entwicklungen in seinem Buch *The Circle* sehr anschaulich weitergedacht. Es geht heute nicht mehr um düstere, diktatorische Top-down-Überwachung, wie George Orwell sie in *1984* schilderte, wo Menschen zu geknechteten Opfern einer unbezwingbaren Kraft gemacht werden. Inzwischen liegen die Dinge ein bisschen anders, was es vielen Leuten schwer macht, Überwachung überhaupt als solche zu erkennen. Es ist nicht mehr in erster Linie der Staat, der Daten sammelt, um Macht über seine Bürger zu akkumulieren. Es sind vor allem große Unternehmen, die Daten sammeln, um die Bedürfnisse ihrer Kunden möglichst perfekt zu erfassen und ihre Produkte und Dienstleistungen immer stärker personalisieren zu können. Und es sind die Menschen selbst, die sich und ihr soziales Umfeld »überwachen«. Die digitalen Medien regen die Menschen dazu an, sich selbst und ihre Tätigkeiten immer wieder zu dokumentieren und zu präsentieren, um möglichst gute Ratings zu erhalten, sei es in Form von Klicks, Likes, Prozenten, gereckten Daumen oder gesammelten Sternen. Viele knüpfen ihr Selbstwertgefühl, ja, ihre Identität und vielleicht auch berufliche Chancen daran, wie sie in den sozialen Medien abschneiden.

In *The Circle* macht sich ein großer Konzern dieses

Verhalten zunutze und verwandelt seine Angestellten mithilfe von Ratingsystemen in willenlose Untertanen, die jede Eigenständigkeit verlieren und ihre ganze Persönlichkeit der Firma verschreiben.

Ob die METHODE ähnlich arbeitet, wird in *Corpus Delicti* nicht ausgeführt. Fest steht, dass diese neue Form der Überwachung eins der wichtigsten Themen unserer Zeit ist. In China befindet sich das »Social Credit System« in der Testphase, in dessen Rahmen Bürger Sozialpunkte sammeln sollen, die ihnen dann Vor- oder Nachteile im täglichen Leben bringen. Das jeweilige soziale Rating könnte Einfluss auf das berufliche Fortkommen haben, auf Steuerlast, Kreditvergabe und Reisemöglichkeiten. Noch ist nicht klar, ob dieses System tatsächlich technisch funktionieren und was es für die chinesischen Bürger bedeuten wird. Aber schon die Entwicklungsphase zeigt, dass dystopische Phantasien und die Realität in den letzten Jahren sehr eng zusammengerückt sind.

Inwieweit setzt sich *Corpus Delicti* mit der politischen Technik des »Nudging« oder mit dem Phänomen des »Nanny State« auseinander?

»Nudging« ist eine Technik, die ich als manipulativ empfinde. Sie soll unterhalb der Schwelle von klaren Gesetzen die Bürger zu bestimmten Verhaltensweisen animieren. Es werden Anreize gesetzt, unter Umständen sogar finanzieller Natur, um ein Verhalten attraktiver erscheinen zu lassen als das andere. Der »Nanny State« ist mit dieser Technik nicht identisch, hat aber damit zu tun. Der Begriff bezeichnet einen Staat, der den Bürger als eine Art unselbstständiges Kleinkind betrachtet, dem man vorschreiben muss, was es zu tun hat, um es vor den gröbsten Fehlern zu bewahren.

Natürlich gefällt mir das Menschenbild nicht, das dem »Nanny State« zugrunde liegt. Ein Staat, der seine Bürger entweder als Bedrohung oder als Kleinkinder behandelt, gefährdet seine demokratischen Grundlagen. Demokratie kann ohne die Idee vom mündigen Bürger nicht funktionieren.

Ist denn die METHODE irgendwie auch ein Nudging-System?

Die METHODE teilt das Menschenbild von »Nudging« und »Nanny State«, indem sie ihre Bürger nicht als freie Subjekte respektiert, sondern als Ansammlung von Problemfällen zu verwalten versucht. Was die politische Technik betrifft, greift sie aber eher auf klassische Maßnahmen zurück. Es gibt klare Regeln, die einzuhalten sind. Verstöße werden geahndet, wofür ein gut ausgebautes Justizsystem zuständig ist.

Natürlich bin ich kein Fan der METHODE, aber ich muss sagen, dass mir diese klassische Staat-Bürger-Beziehung lieber ist als moderne Mischformen, die mit manipulativen Strategien arbeiten. Aus meiner Sicht sind die Bereiche des Erlaubten und des Verbotenen klar zu trennen. Nur so kann die ausgeübte Macht demokratisch legitimiert und verfassungsrechtlich kontrolliert werden. Und nur so ist echte Freiheit möglich. Denn im Bereich des Erlaubten muss der Bürger tatsächlich seine eigenen Entscheidungen treffen dürfen, ohne dass man ihn mit Schuldgefühlen oder dem Verlust von irgendwelchen Bonuspunkten bedroht.

Stichwort Vertrauensverlust: Geht es in *Corpus Delicti* auch um Politikverdrossenheit?

Das ist für mich eines der wichtigsten Themen unserer Zeit. Ich spreche und schreibe seit bald zwanzig Jahren über das Phänomen des Vertrauensverlusts der Bürger in die politischen und demokratischen Institutionen. Ich will hier nicht im Einzelnen darauf eingehen, denn das würde an dieser Stelle zu weit führen. Vielleicht nur so viel: Einige Fragen, die wir im Zusammenhang mit *Corpus Delicti* besprochen haben, fördern auch Politikverdrossenheit. Wenn Politiker wie »Nannys« auftreten und die Bürger wie bedürftige Kinder behandeln, müssen sie sich nicht wundern, auf Dauer von ebendiesen Bürgern nicht mehr ernst genommen zu werden. Der Politikverdrossenheit liegt nicht zuletzt eine Bürgerverdrossenheit zugrunde, ein Verlust von gegenseitiger Achtung und von Selbstachtung auf beiden Seiten der politischen Bühne. *Corpus Delicti* zeichnet einen Staat, in dem die Politikverdrossenheit zu einer Abschaffung von Politik geführt hat. Politik endet, wenn keine Entscheidungen mehr zu treffen sind. Dann wird sie zu bloßer Herrschaft. Da im Rahmen der METHODE immer schon feststeht, wie sinnvolles Verhalten auszusehen hat, gibt es für politische Prozesse, die ja immer Entscheidungsfindungsverfahren sind, überhaupt keinen Raum mehr. Demokratie setzt immer das Gegeneinander von verschiedenen Meinungen voraus. Das Ringen um den richtigen Weg ist kein Problem des demokratischen Systems, sondern sein Wesen. Wer die Kompliziertheit und Behäbigkeit der Demokratie als Grund zur Verdrossenheit ansieht, wird über kurz oder lang mit einer METHODE belohnt.

X.

Rezeption und
Wirkungsgeschichte

Wie wurde *Corpus Delicti* eigentlich von den Kritikern aufgenommen?

Überwältigend gut. Damit hatte niemand gerechnet, ich nicht und auch nicht der Schöffling Verlag, bei dem der Roman im Jahr 2009 erschien. Wir dachten wohl alle, das Buch würde den Feuilletons gar nicht richtig auffallen, weil es ja schon das Theaterstück gegeben hatte. Aber dann erschienen viele Rezensionen, die sich substanziell und klug mit den politischen Fragestellungen auseinandersetzten. Meinem Gefühl nach habe ich zu keinem anderen meiner Romane so interessante Rezensionen bekommen. Bei der Auseinandersetzung mit *Corpus Delicti* ging es um mehr als literarischen Geschmack. Es ging um unsere Gesellschaft, um die *conditio humana* in der heutigen Zeit. Das hat mich glücklich gemacht. Bei *Corpus Delicti* ist etwas geschehen, das sich jeder Autor und jede Autorin wünscht: Der Roman trug dazu bei, einen Diskurs anzuregen.

Auch auf meine Lesungen folgte jedes Mal eine politische Diskussion mit Moderator und Publikum. Die Zuhörer stürzten sich geradezu auf die Themen. Gerade die Frage, wie wir eigentlich leben wollen, ob es wirklich darum gehen kann, sich gegen alle möglichen Risiken abzusichern, oder ob es wichtiger ist, als Solidargemeinschaft das Lebensrisiko der Einzelnen aufzufangen, wurde immer wieder lebhaft und kontrovers besprochen.

Wie verlief die weitere Rezeptionsgeschichte?

Corpus Delicti hat viele Leser gefunden. Es wurde dann auch zur Schullektüre in vielen Bundesländern. Das ist noch keinem meiner anderen Bücher passiert. Aus unzähligen E-Mails von Schülern weiß ich, dass die Auseinandersetzung mit *Corpus Delicti* im Unterricht als anspruchsvoll, aber auch als interessant und lohnenswert empfunden wird. Viele Schulklassen setzen kleine Theaterprojekte um oder schreiben gemeinsam ein alternatives Ende für die Geschichte. Auf diese Weise bleibt *Corpus Delicti* ungeheuer lebendig.

Wie viele Exemplare wurden bislang verkauft?

Wenn man Hardcover, E-Book und Taschenbuch zusammenzählt, sind es derzeit rund 380 000 Exemplare (Stand November 2019).

Corpus Delicti wurde dann ja auch noch Teil eines Musikprojekts. Erzähl mal von deiner Zusammenarbeit mit der Band *Slut*.

Im Jahr 2009 wurde ich zu einer Veranstaltung eingeladen, bei der Autoren und Musiker zusammen einen Abend gestalten sollten. Als Partner für den gemeinsamen Auftritt bei der Buchmesse in Leipzig wurde mir die Band *Slut* aus Ingolstadt vorgeschlagen. Ich war sofort begeistert. *Slut* fand ich schon lange gut. Das Album *Lookbook* hatte ich während meiner Studentenzeit rauf und runter gehört und die fünf Musiker rund um den Architekten Christian Neuburger auch schon bei Konzerten auf der Bühne gesehen.

Wir trafen uns in Ingolstadt, um die Veranstaltung zu planen, und es war quasi Freundschaft auf den ersten Blick. Es stimmte zwischenmenschlich, es stimmte künstlerisch, und es stimmte politisch. *Slut* war daran gewöhnt, mit Künstlern aus anderen Sparten zusammenzuarbeiten, da sie schon öfter Theaterprojekte mitgestaltet hatten. Und *Corpus Delicti* erwies sich durch seine Theatervergangenheit als idealer Text, um auf der Bühne zerpflückt und wieder neu zusammengesetzt zu werden. *Slut* schrieb einige Songs mit Bezug zum Roman, und der Text wurde dann auf der Bühne gelesen, szenisch gesprochen, mit Musik durchmischt.

Der Abend in Leipzig mit unserer »Schallnovelle«, wie wir das Projekt später nannten, war ein voller Erfolg, und wir beschlossen, die Bühnenshow zu erweitern und mit *Corpus Delicti* auf Tour zu gehen. So war es dann auch. 2010 veröffentlichten wir eine CD und tourten mit dem Programm durch Deutschland, Österreich und die Niederlande.

Ziemlich ungewöhnlich für eine Schriftstellerin. Musstest du auf der Bühne singen?

Ja, aber nur Background. Die meiste Zeit habe ich gelesen beziehungsweise gesprochen.

Und wie fühlte es sich an, Teil einer Rock-Oper zu sein?

Vor den Auftritten hatte ich jedes Mal so starkes Lampenfieber, dass ich immer wieder glaubte, nicht auftreten zu können. Aber wenn es dann endlich losging, habe ich es genossen, mit Band auf der Bühne zu stehen. Musik hat eine ganz andere Durchschlagskraft als Literatur. Sie nimmt einen selbst und das Publikum einfach mit, man wird regelrecht davongetragen von dem, was auf der Bühne passiert.

Außerdem war es eine schöne Abwechslung für mich, bei der künstlerischen Arbeit nicht allein zu sein. Als Schriftstellerin ist man ja stets ein Ein-Frau-Projekt. Beim Schreiben des Textes ist man allein, und auch die Lesereisen bestreitet man ohne Unterstützung. Man sitzt allein im Zug oder im Auto, checkt allein im Hotel ein, muss den Veranstaltungsort finden, sich mit den

Gegebenheiten auseinandersetzen, nachts kehrt man allein ins Hotel zurück. Anders als bei Musikern gibt es für uns Schriftsteller kein richtiges Management. Wir müssen meist selbst herausfinden, wo wir vor der Veranstaltung noch etwas zu essen bekommen, wo wir uns umziehen können, ob die richtige Technik auf der Bühne steht. Mit *Slut* war das eine ganz andere Erfahrung. Wir waren ständig in der Gruppe unterwegs, wir waren umgeben von Menschen, die unsere Auftritte unterstützten, und natürlich haben wir viel gefeiert. Es war wie eine Mischung aus Klassenfahrt und Dauerparty.

Was soll »Schallnovelle« bedeuten?

Als die CD rauskam, wollten Management und Presse ständig wissen, welcher Gattung unser Projekt angehörte. War das jetzt Musiktheater oder eine Rock-Oper oder ein Musical oder eine szenische Lesung mit Musik? *Corpus Delicti* als Bühnenshow ließ sich nicht einordnen, und wir hatten auch gar keine Lust auf solche Schubladen. Irgendwann erfand Chris Neuburger, der Sänger von *Slut*, dann den Begriff der Schallnovelle. Es sollte vor allem bedeuten: Wir machen, was wir wollen, und es hat mit Musik und mit Literatur zu tun.

War das Projekt ein Erfolg?

Wie man's nimmt. Die Tour war fast komplett ausverkauft, und das Publikum war eigentlich in allen Städten begeistert. Aber die CD haben wir kaum verkauft. Finanziell haben wir es nicht einmal geschafft, unsere Kosten zu decken. Durch die Zusammenarbeit mit *Slut* habe ich gelernt, wie unfassbar hart es inzwischen ist, als Musiker zu arbeiten. Ich konnte damals schon von meinen Büchern und Auftritten leben. Aber die Musiker von *Slut* haben alle reguläre Jobs und organisieren Bandproben und Touren in ihrer Freizeit. Sie sind froh, wenn sie bei ihren Projekten nicht draufzahlen.

Soll *Corpus Delicti* eigentlich verfilmt werden?

Tatsächlich wurden die Filmrechte kurz nach Erscheinen des Buchs verkauft. Jahrelang wurde intensiv an einem Skript gearbeitet. Leider ist es am Ende an einer Erkrankung des Regisseurs gescheitert. Jetzt hoffe ich darauf, dass es vielleicht irgendwann noch mal einen zweiten Anlauf gibt.

Warst du am Erstellen des Drehbuchs beteiligt?

Ja, mein Mann David Finck, der Regisseur Stefan Schaller und ich haben gemeinsam am Drehbuch gearbeitet und insgesamt drei Fassungen geschrieben.

Welche Abweichungen gibt es zwischen Drehbuch und Roman?

Im Grunde ist das Skript eine radikale Fortentwicklung der Geschichte. Es nimmt den Roman als Ausgangspunkt für einen erweiterten Plot. Im Drehbuch ist *Corpus Delicti* ein Stadtgebiet, das von starken Außengrenzen gesichert wird. Jenseits der Grenzen leben Menschen in Freiheit, aber auch in Verwahrlosung und Elend. Bis zu den Horizonten erstrecken sich Slums und Müllkippen. Die Methoden-Metropole wird von den Außengebieten mitversorgt, was den Methodenbürgern nicht klar ist. Ihnen wird panische Angst vor den Außengebieten eingeredet, damit sie nicht auf die Idee kommen, die Stadt zu verlassen. Sie glauben, dass sie an einem sicheren Ort leben, der von Seuchengebieten umgeben ist.

Kernstück der Filmgeschichte ist die Tatsache, dass die METHODE mit ihren krassen Hygienevorschriften zu einer immunologischen und genetischen Degeneration der Menschen geführt hat. Die Kinder der Methodenbürger werden immer schwächer. Deshalb werden heimlich Embryonen aus den Außengebieten in die Stadt verbracht und den Methodenbürgern, die ihre Kinder ausschließlich *in vitro* fertilisieren lassen, als eigene untergeschoben.

Innerhalb dieser Welt lebt Mia Holl, und als ihr Bruder sich umbringt, deckt sie nicht nur den Justizirrtum auf, sondern auch den Embryonenschmuggel. Teile der

Handlung spielen in den Slums der Außengebiete, die Mia immer wieder heimlich aufsucht, weil sich auch ihr Bruder Moritz ständig dort herumgetrieben hat. Er genoss die Freiheit und Anarchie. Auf seinen Spuren lernt Mia die echte Welt kennen und nimmt den aktiven Kampf mit der METHODE auf.

Die Handlung ist für den Film also noch mehr wie ein Thriller aufgebaut. Gewiss hat unser Drehbuch Schwächen, aber ich denke immer noch, dass man einen guten Film daraus machen könnte. Schade, dass das Projekt vorerst gescheitert ist.

XI.

Politische Autorenschaft

Warum bist du eigentlich politisch so aktiv?

Ich glaube, das bin ich gar nicht. Ich bin politisch interessiert, sage in Essays, Interviews oder Talkshows gelegentlich meine Meinung zu Themen, die mir etwas bedeuten. Ganz selten plane ich auch mal eine politische Aktion, wie damals beim Marsch der Schriftsteller aufs Kanzleramt, mit dem wir mehr Bewusstsein für die zunehmende Überwachung der Bürger im Digitalzeitalter schaffen wollten. Aber ich führe definitiv nicht das Leben einer Aktivistin. Es gibt lange Phasen, in denen ich auf Politik wenig Lust habe und nicht einmal regelmäßig Zeitung lese. Gerade in letzter Zeit finde ich es schwierig, am politischen Diskurs teilzunehmen. Das apokalyptische Denken und Reden wird immer präsenter. Es gibt anscheinend ein starkes Bedürfnis, unsere Welt am Abgrund zu sehen. Das stößt mich nicht nur ab, ich halte es sogar für gefährlich. Wenn man ständig so tut, als befänden wir uns gesellschaftlich im Kriegszustand und demokratisch am Ende, dann wird es möglicherweise eines Tages auch so kommen. Die Menschen sind verängstigt und haben durch das Trommelfeuer von Schreckensszenarien in den Medien immer mehr das Gefühl, es stünden reihenweise Katastrophen bevor, sei es durch Klimaerwärmung, Flüchtlingsbewegungen, Nahostkrise oder den Zusammenbruch der Rentensysteme. Ängste befördern irrationales Verhalten, auch in der Wahlkabine. Ich habe keine Lust, daran mitzuwirken, weshalb ich mich immer öfter aus den Diskursen heraushalte. Wenn ich etwas sage, versuche ich, als eine Anwältin der Mäßigung aufzutreten. Das ist eigentlich schon fast keine politische Rolle mehr, sondern eher eine therapeutische.

Was ist denn die politische Rolle eines Autors oder einer Autorin?

Da gibt es viele verschiedene Möglichkeiten. Es kommt darauf an, was man unter »Politisch-Sein« versteht. Oft wird der Begriff sehr weit gefasst, und jeder Text oder jede Äußerung, die einen Gesellschaftsbezug hat, wird als politisch relevant betrachtet. Das kann man so sehen, es folgt aber eigentlich nichts daraus.

Gesellschaftlich relevant ist Literatur aus meiner Sicht ganz automatisch. Wie kein anderer Künstler hat ein Autor die Möglichkeit, in die Köpfe und Herzen anderer Menschen hineinzuleuchten. Beim Erzählen geht es immer um Konflikte, um ihre Lösung oder ihre Eskalation. Es geht um starke Gefühle, Liebe, Hass, Rache, Sehnsucht, Hoffnung, Angst. Es geht auch oft um Traumatisierungen, um historische Prägungen, um das

Verhältnis des Einzelnen zur Gemeinschaft. Zwischen den Zeilen steht immer die Frage: Was ist der Mensch? Was ist der Sinn unseres Lebens? Warum sind wir hier, was wollen wir?

Das passiert bei guter Literatur von selbst, ganz egal, ob es dem Autor bewusst ist oder nicht. Der gesellschaftliche Bezug ergibt sich aus der tätigen Empathie, die sich beim Schreiben einstellt, aus dem tiefen Einfühlen in fremde Lebenswelten, fremde Biographien, fremde Seelen. Auf diese Weise spielt Literatur eine existenzielle Rolle für uns Menschen. Sie hilft uns, einander und auch uns selbst besser zu verstehen. Sie führt uns vor, dass alles, was uns Menschen ausmacht, eigentlich eine Erzählung ist. Wir erzählen uns unsere eigenen Leben, unsere eigenen Persönlichkeiten und Identitäten. Wir erzählen uns eine Geschichte vom Hass oder von der Liebe. Darin liegt unsere Freiheit. Wir können zwar nicht entscheiden, was uns zustößt, aber sehr wohl, welche Geschichte wir davon erzählen.

Darüber hinaus sind erfolgreiche Autoren und Autorinnen natürlich auch öffentliche Personen. Das heißt, sie bekommen die Möglichkeit, sich öffentlich zu äußern. Das hat zwar mit Schreiben nichts zu tun, gehört aber ebenfalls zum Beruf. Daraus kann sich leicht eine politische Rolle im engeren Sinn ergeben. Wenn man öffentlich spricht, steht man schnell mit einem Bein in der Politik. Manche Schriftsteller lehnen es ausdrücklich ab, sich beim öffentlichen Sprechen politisch zu äußern. Sie wollen nur über ihre Bücher und über ästhetische Probleme reden. Diese demonstrative – und legitime – Verweigerung vieler Kollegen hat in der Vergangenheit zu dem Eindruck geführt, deutsche Autoren wären durchweg unpolitisch. Das stimmt aber nicht, wie man an vielen Büchern, Beiträgen und Aktionen immer wieder sehen kann.

Gibt es eine Verpflichtung der Künstler zu politischem Engagement?

Nein, natürlich nicht, es gibt in einer Demokratie überhaupt keine Verpflichtung, sich politisch zu betätigen, weder für Schriftsteller noch für andere Bürger. Man muss keine Zeitungen lesen, man muss nicht wählen gehen, und schon gar nicht muss man sich öffentlich politisch äußern, auch nicht als Autorin.

Aber trotzdem ist es wichtig, dass manche Autoren es tun. Schriftsteller haben in gewisser Weise eine Sonderrolle im öffentlichen Diskurs. Nicht, weil sie irgendetwas Bestimmtes wüssten oder könnten – optimalerweise sollten sie sich einigermaßen ausdrücken können. Ihr besonderer Status besteht darin, dass sie, anders als andere Diskursteilnehmer, nicht von Meinungen abhängig sind. Eine Schriftstellerin muss nicht um Wählerstimmen kämpfen wie ein Politiker, sie muss keine Aufmerksamkeitshypes generieren wie ein Journalist. Sie ist auch nicht mehr, wie in den sechziger und siebziger Jahren, Teil einer intellektuellen Bewusstseinsindustrie, in der man quasi wöchentlich Mahnbriefe verfassen musste, um den Anschluss nicht zu verlieren. Autoren besitzen in unserer Gesellschaft eine außergewöhnliche Freiheit, die es ihnen erlaubt, sich tatsächlich unstrategisch zu äußern. Man muss diese Freiheit nicht nutzen – man kann es aber tun. Und dann schafft man es vielleicht, eine ruhigere Sichtweise im Informationsgeflacker unterzubringen. Größere Bögen zu schlagen, das Geschehen etwas mehr aus der Vogelperspektive zu betrachten. Gerade zurzeit sind solche Stimmen wichtig.

Wirst du eines Tages in die aktive Politik eintreten?

Man soll niemals nie sagen, aber das glaube ich wirklich nicht. Genügend Interesse und Leidenschaft für bestimmte Themen hätte ich ja. Aber ich bin einfach nicht der Typ für die Lebensführung eines Berufspolitikers. Ich lebe eher zurückgezogen, vertrage Sozialkontakte nur in kleinen Dosierungen, verbringe viel Zeit mit der Familie, mit meinen Tieren und in der Natur. Auch wenn ich manchmal als eine Art politische Aktivistin wahrgenommen werde – tatsächlich pflege ich ein eher kontemplatives Leben und bin sehr glücklich damit.

Eine Politikerin zeichnen ganz andere Talente aus. Sie muss die Bühne lieben, den Auftritt, das ständige Zusammensein mit anderen Menschen. Sie muss ungeheuer stressresistent sein und Freude am Erlangen und Ausüben von Macht haben. Mich interessiert Macht nicht im Geringsten, und ich gerate schon in

Stress, wenn ich zwei Stunden in einem Einkaufszentrum herumlaufen muss. Und schließlich – wenn ich meine Zeit in irgendeinem Ministerium verbrächte, wer würde dann meine Bücher schreiben?

XII.

Jura und Literatur

Die Rechtswissenschaft spielt in deinem Leben eine mindestens ebenso große Rolle wie die Politik. Warum hast du eigentlich Jura studiert?

Nach dem Abitur musste ich mich für eine Ausbildung entscheiden. Ich hatte schon in meiner Kindheit viel geschrieben, aber »Schriftsteller« war für mich kein Beruf. In meiner Wahrnehmung gab es keine jungen Autoren, die ihren Lebensunterhalt mit dem Veröffentlichen von Büchern verdienten. Schon gar keine weiblichen. Meine Lieblingsschriftsteller waren alle männlich und tot. Ich wäre niemals auf die Idee gekommen, Schriftstellerin werden zu wollen.

Aber es gab ja auch den Journalismus, und damals dachte ich, die Arbeit bei einer Zeitung könnte etwas für mich sein. Man riet mir, lieber ein Jurastudium abzuschließen als auf eine Journalistenschule zu gehen, und so schrieb ich mich dann für Jura ein. Ich bin kein Bohemien, ich brauche Sicherheit und eine einigermaßen bürgerliche Existenz. Das Leben eines armen Poeten wie auf dem berühmten Bild von Spitzweg war nie eine verlockende Vorstellung für mich.

Und wie fandest du das Studium?

Am Anfang ziemlich schlimm. In den ersten Jahren hat mich die juristische Materie überhaupt nicht interessiert, ich habe mich mehr so durchgemogelt und die meisten Klausuren nur knapp bestanden. Erst während der Vorbereitung auf das erste Staatsexamen machte es »klick« in meinem Kopf, und ich begann, die Rechtswissenschaft spannend zu finden. Das Recht ist ein großes, komplexes, in sich geschlossenes Denksystem, das im Grunde sämtliche Teile der menschlichen Gesellschaft wie eine Unterströmung durchfließt, von der höchsten Politik bis in die intimsten Privatbereiche. Das Recht ist überall, das Recht ist eine der größten Narrationen überhaupt. Als ich das begriffen hatte, verliebte ich mich in mein Studienfach. Plötzlich wollte ich gar nicht mehr Journalistin werden, sondern Juristin. Am liebsten Richterin im Strafrecht. Die Frage, ob und wie man Schuld oder Unschuld durch bestimmte Denkprozesse voneinander unterscheiden kann, fasziniert mich bis zum heutigen Tag. In allen meinen Büchern geht es letztlich auch um die Frage, was Moral ist, wo sie herkommt, wer sie bestimmt und wen sie bindet. Natürlich ist das Recht keine moralische Instanz, aber ohne bestimmte moralische Vorstellungen ergäbe eine Rechtsordnung keinen Sinn. In *Corpus Delicti* kann man sehen, was passiert, wenn sich die Justiz in den Dienst von Politik stellt, anstatt unabhängig nach Recht und Unrecht zu forschen. Sie verwandelt sich in ein willkürliches, menschenverachtendes Instrument, auch wenn sie nach wie vor die geltenden Gesetze anwendet. Ich stellte es mir als eine ehrenwerte Aufgabe vor, Teil einer demokratischen Rechtspflege zu sein.

Warum hast du denn dann nicht die juristische Laufbahn gewählt?

Als 2001 mein erster Roman *Adler und Engel* erschien, stand ich gerade kurz vor dem juristischen Referendariat. Obwohl mein Debüt auf Anhieb sehr erfolgreich war, wäre ich nicht auf die Idee gekommen, deshalb meine Jura-Ausbildung abzubrechen.

Zwar hatte sich inzwischen in der Literaturszene manches verändert; mit »Popliteratur« und »Fräuleinwunder« waren eine Menge junger Autoren und Autorinnen auf der literarischen Bühne erschienen, die sich als hauptberufliche Schriftsteller verstanden und niemals auf die Idee gekommen wären, nebenher einen bürgerlichen Beruf auszuüben. Sie gewannen Preise, erhielten Stipendien und gingen auf Lese-Tour wie kleine Rockstars, und da sie im Normalfall keine Familien hatten, reichte das Konzept für ein Leben im künstlerischen Stil.

Einerseits imponierte mir das, andererseits passte es nicht zu mir. Weder traute ich dem Erfolg, noch wollte ich vom Schreiben abhängig sein. Gerade weil ich so intuitiv, planlos und unvorhersehbar schreibe, brauche ich einen Schutzraum, in dem kein Erfolgsdruck und keine Erwartungen herrschen. Den Zwang, immer schnell ein neues Buch anfangen und fertig schreiben zu müssen, es mit einem gewissen Erfolg zu veröffentlichen, weil man sonst gleich unters Existenzminimum rutscht, stellte ich mir lähmend vor. Ich hatte Angst, dass mein Schreiben unter solchem Druck versiegen würde.

Aber irgendwann ließen sich die beiden Welten nicht mehr miteinander vereinbaren. Lesungen und andere Auftritte nahmen viel Zeit in Anspruch, gleichzeitig musste ich das Referendariat absolvieren und mich aufs zweite Staatsexamen vorbereiten. Als mir nach Abschluss meiner juristischen Ausbildung die Option geboten wurde, mich auf eine Richterstelle zu bewerben, verbrachte ich einige schlaflose Nächte mit der Frage, was ich tun sollte. Schließlich entschied ich mich dagegen und gab der freien Autorenexistenz eine Chance.

Es war nicht leicht, mich an das freiberufliche Dasein zu gewöhnen. Ich musste lernen, die Unsicherheit auszuhalten und mit meiner Angst vor Schreibblockaden zurechtzukommen. Aber bereut habe ich die Entscheidung nicht. Zwar erscheint mir das Schriftstellerleben manchmal zu diffus. Dann wünsche ich mir eine etwas zupackendere Tätigkeit. Im Grunde weiß ich aber, dass mich nichts so sehr erfüllt wie das Erzählen. Von meiner Kunst leben zu können ist ein großes Geschenk.

Überraschenderweise bist du dann ja doch noch Richterin geworden.

Ja, seit 2019 bin ich Richterin am Verfassungsgericht des Landes Brandenburg. Das ist ein großes Geschenk für mich. Die Arbeit dort macht mir großen Spaß. Es ist herrlich, sich nach so vielen Jahren wieder einmal intensiv mit rechtlichen Fragen beschäftigen zu können. Am schönsten ist, dass zwischen uns neun Richtern eine ganz besondere Gesprächskultur herrscht – kontrovers, aber immer respektvoll und frei von Aggression. Zudem kann ich mich als Verfassungsrichterin aktiv in die Gesellschaft einbringen, ohne in der Politik tätig sein zu müssen. Das entspricht meinem Naturell viel besser. Und es bleibt ausreichend Zeit fürs Schreiben und für meine Familie.

Stört sich die trockene Sprache der Juristen nicht mit der lebendigen Sprache der Schriftsteller?

Das werde ich häufig gefragt. Es gibt so einen gefühlten Gegensatz zwischen »Bürokratie« und »Kunst«. Die eine ist angeblich trocken, umständlich, staubig – die andere blumig, kreativ und voller Leidenschaft. Was die Sprache betrifft, stimmt das aber nur an der Oberfläche. Für mich als Schreibende haben solche Attribute keine große Bedeutung. Manchmal lese ich einen juristischen Text, und er kommt mir vor wie Lyrik. Und manchmal lese ich einen Roman und finde die Sprache trockener als in jeder Verordnung. Natürlich stimmt es, dass die Sprache der Juristen einer besonderen Grammatik folgt und viele Eigenheiten hat, die für Außenstehende seltsam klingen. Manchmal so sehr, dass man einen juristischen Text als Laie gar nicht verstehen kann. Aber für eine Kunstsprache kann das Gleiche gelten. Auch sie folgt bestimmten Regeln und Besonderheiten, selbst wenn das dem Autor beim Schreiben vielleicht gar nicht bewusst war. Und sie kann bis zur Unverständlichkeit verfremdet werden.

Für mich hat Schreiben viel mit Musizieren zu tun. Ich folge oft eher einem Tonfall als einem geplanten Verlauf. Dabei kann ich in verschiedenen Stilen »spielen«. Genau wie ein Pianist, der vielleicht die Zwölf-Ton-Musik beherrscht, aber auch tollen Jazz spielt. Beides liegt meilenweit auseinander, trotzdem fühlt er sich in beiden Musikrichtungen zu Hause. So ähnlich ist es bei mir mit verschiedenen Sprachsystemen.

Auch wenn die juristische Sprache nicht im ästhetischen Sinne schön ist, so gefällt mir doch ihre hohe Präzision. Es wird buchstäblich jedes Wort auf die Goldwaage gelegt, denn theoretisch kann jedes einzelne Wort über die Stichhaltigkeit einer Argumentation entscheiden. Diese hohe Wertschätzung gegenüber kleinsten Sprachpartikeln verbindet die Rechtswissenschaft mit der Literatur, und sie besitzt in meinen Augen eine ganz eigene Poesie.

Das heißt, es gibt vielleicht sogar Gemeinsamkeiten zwischen Jura und Literatur?

Viele sogar. Es ist auffällig, dass viele bekannte Schriftsteller auch Juristen waren oder sind. Auch findet man unter nicht-schreibenden Juristen viele Literaturfreunde. Die Sprachversessenheit beider Disziplinen habe ich ja schon erwähnt. Aber dahinter stehen noch weitere Parallelen. Streng genommen ist Jura eine Sprachwissenschaft. Gesetze bestehen aus Sprache. Zeugenaussagen, Gutachten, Urteile – alles, was das Recht und seinen Vollzug ausmacht, hat mit Sprechen und Schreiben zu tun. Man könnte auch sagen: mit Erzählen. Im Strafrecht wird das besonders deutlich. Vor Gericht erzählen die Zeugen ihre Geschichten, die oft fiktionaler sind als jeder Roman. Nicht, weil die Zeugen alle lügen würden, sondern weil sie sich subjektiv erinnern. Anwälte, Staatsanwälte und Richter bauen aus solchen Geschichten konkurrierende Erzählungen, die vor Gericht um Gültigkeit ringen.

Was ist passiert?, heißt beim *homo narrans* immer auch: Was wird erzählt? In gewisser Weise geht es sowohl dem Juristen als auch dem Schriftsteller darum, Wort und Welt ins Verhältnis zu setzen. Dieses Bemühen kann man »Wahrheitssuche« nennen. Denn Wahrheit ist nichts weiter als ein bestimmtes Verhältnis zwischen Sprache und Wirklichkeit.

Der große Unterschied besteht natürlich darin, dass die juristische Wahrheitssuche einem anderen Zweck dient als die literarische. Ein häufiges Missverständnis besteht darin, es gehe vor Gericht um das Herstellen von Gerechtigkeit. Es ist aber so, dass die Rechtsanwendung vor allem dem Gemeinschaftsfrieden dient. Ein Urteil muss im demokratischen System willkürfrei sein, was nicht dasselbe bedeutet wie »gerecht«. Ein Sprichwort unter Juristen besagt, dass ein Urteil vermutlich dann am gelungensten ist, wenn sich sämtliche Beteiligten ungerecht behandelt fühlen.

Die Literatur hingegen zielt schon eher darauf ab, dem Menschen »gerecht« zu werden, und sie ist dabei in der Wahl ihrer Mittel viel freier. Sie muss zu keinem Urteil, zu keinem Ergebnis kommen, weshalb sie der Ambivalenz der menschlichen Natur und der Paradoxie des Lebens besser entsprechen kann. Am Ende einer juristischen »Erzählung« darf kein Einerseits-Andererseits stehen, während sich die Literatur ihren Gegenständen von vielen Seiten gleichzeitig nähern darf. Vielleicht gibt es so etwas wie Erzählgerechtigkeit, im Sinne eines ästhetischen, nicht eines moralischen Kriteriums. In einem Roman darf am Ende auch das Böse siegen, ohne dass es sich deshalb um ein schlechtes Buch handeln muss.

Für mich ist vor allem wichtig, die verschiedenen Sprachsysteme nicht gegeneinander zu werten. Recht und Literatur haben beide ihre Berechtigung und eine bestimmte Funktion. Es ist nicht das eine »hässlich« und das andere »schön«. Genauso wenig ist das eine ernsthaft und das andere nur müßige Spielerei. Es sind einfach verschiedene Formen des Erzählens, und beide sind für das gemeinschaftliche Zusammenleben unerlässlich.

Findest du in der Rechtswissenschaft Inspiration fürs Schreiben?

Bis jetzt ist mir das noch nicht passiert. Ich bin kein schreibender Jurist, der dem Leser mehr oder weniger »echte« Fälle aus seiner Anwaltspraxis präsentiert oder das Funktionieren des Rechts zum Hauptgegenstand einer literarischen Erzählung macht. Da ich sehr intuitiv und quasi halb-bewusst schreibe, sind Atmosphären, Stimmungen, Eindrücke, die ich aus meiner wirklichen Erfahrung zurückbehalte, letztlich wichtiger als konkrete Geschehnisse. Aber ich will nicht ausschließen, irgendwann einmal Teile eines juristischen Falls in einem Roman zu verarbeiten.

XIII.

Schriftstellerischer Werdegang

Warum schreibst du?

Schreiben gehört für mich ganz selbstverständlich zum Leben dazu. Ich habe schon als Kind damit angefangen, im Alter von sieben oder acht Jahren. Schreiben war für mich eine Art Tagträumen, eine protokollierte Phantasiereise, und so ist es im Grunde bis heute geblieben. Ich denke beim Schreiben nicht an den Leser, sondern erzähle mir die Geschichten vor allem selbst. Erst im Lektorat, wenn es an die Überarbeitung der Texte geht, fange ich an, darüber nachzudenken, wie meine Erzählung auf andere Menschen wirken könnte.

Ich weiß, das ist eigentlich keine Antwort auf die Frage, warum ich schreibe. Vielleicht könnte ich am ehesten sagen: Ich habe einfach nie damit aufgehört. Wenn ich längere Zeit nicht schreibe, fange ich an, mein ganzes Leben in Frage zu stellen. Anscheinend hat Schreiben für mich mit dem berühmten Sinn des Lebens zu tun.

Warum hast du am Literaturinstitut in Leipzig studiert?

Lange Zeit ging ich ja davon aus, dass mein Schreiben nicht zum Beruf tauge. Ich gab meine Texte niemandem zum Lesen, höchstens meinen besten Freundinnen. Und es waren dann auch Freundinnen, die mich zu einer Bewerbung am Literaturinstitut drängten. Sie wollten, dass ich »mehr« aus meinem Schreiben mache. Immerhin verbrachte ich jeden Tag einige Stunden damit. Tatsächlich nahm ich dann zusätzlich zum Jurastudium die Ausbildung am Literaturinstitut in Leipzig auf. Ich wollte herausfinden, ob mein Schreiben für andere Menschen Bedeutung besitzen konnte. Ob ich mit dem Gelesenwerden zurechtkam. Ob Schreiben für mich überhaupt ein kommunikativer Akt sein konnte.

Und hast du das herausgefunden?

Erst einmal erlebte ich vor allem einen Schock. Meine Texte wurden in den Seminaren heftig kritisiert, regelrecht verrissen. Die meisten anderen Studenten hatten sich bereits intensiv mit Literatur beschäftigt, sie wussten, wie man über Texte spricht, sie hatten literaturtheoretische Kenntnisse und eine Vorstellung davon, wie gute Literatur zu sein hat. Meine Lektüre- und Schreibhaltung hingegen war völlig naiv, man könnte auch sagen: unschuldig. Das erregte ziemliche Aggressionen. Man ließ kaum ein gutes Haar an meinen Geschichten.

Das war ich nicht gewohnt, es hat mich total fertig gemacht. Irgendwann konnte ich gar nicht mehr schreiben, weil ich mich immer nur fragte, was die anderen hören wollten, wie ich formulieren musste, damit sie mich nicht mehr so hart kritisierten. Ich versuchte, Texte nach Maß zu verfassen. Das machte mir aber keine Freude. Ich geriet in eine massive Schreibkrise.

Das klingt erst einmal nicht so euphorisch. Hast du denn dort überhaupt etwas gelernt?

Eine ganze Menge. Die Schreibkrise war wohl etwas, durch das ich hindurchgehen musste, um mit meinem Schreiben auf eine neue Stufe zu kommen. Was ich tatsächlich gelernt habe, ist der Spagat im Umgang mit Kritik. Diese geistige Turnübung ist von unschätzbarem Wert. Sie besteht darin, einerseits offen für Kritik zu sein und wertvolle Anregungen umzusetzen, auch wenn sie einen im ersten Moment hart treffen. Andererseits darf man sich aber nicht zu weit vom Eigenen entfernen. Man darf niemals vergessen, woraus sich das eigene Schreiben speist, man muss immer wieder zu den Quellen der persönlichen Schaffenskraft zurückkehren.

Am Literaturinstitut habe ich gelernt, wie man Texte überarbeitet, wie man sie verbessert, welche Fragen man an einen Text zu stellen hat, damit er sein Potenzial so gut wie möglich verwirklichen kann. Aber ich habe auch gelernt, mir all diese Fragen im Moment der ersten Niederschrift *nicht* zu stellen, sondern erst einmal dem freien Fluss der Gedanken zu vertrauen und mich forttragen zu lassen. Wenn dann eine erste Fassung auf dem Papier steht, wechsele ich innerlich den Modus, werde von der Schriftstellerin zur Lektorin und setze meine handwerklichen Fähigkeiten ganz bewusst ein. Auch dieser zweite Arbeitsschritt macht Freude. Oft ist er sogar länger und intensiver als der erste. Ich suche mir Hilfe, zuerst bei meinem Mann, dann bei meinem Lektor und befreundeten Autoren. Alle lesen den Text, sagen, was ihnen daran gefällt und was nicht und wie man ihn verbessern könnte. Ganz anders als die erste Niederschrift ist das Überarbeiten keine einsame Tätigkeit mehr, sondern eher ein kommunikativer Prozess. Diese intensive Zusammenarbeit und die Freude daran sind ein Erbe meiner Zeit am Literaturinstitut.

Ein anderer wichtiger Aspekt des Studiums dort bestand darin, dass ich zum ersten Mal in Berührung mit dem sogenannten Literaturbetrieb kam. Einer der Gastdozenten, Burkhard Spinnen, las Auszüge aus einem Text, der später zu *Adler und Engel* wurde, und war so angetan, dass er meine Arbeit an den Schöffling Verlag vermittelte. Bis heute ist Burkhard Spinnen nicht nur ein guter Freund, sondern auch mein Lektor. Ich kann also ohne Übertreibung sagen, dass ich ohne das Literaturinstitut wahrscheinlich niemals zur Schriftstellerin geworden wäre.

Wie viele Stunden am Tag schreibst du? Gibt es feste Rituale?

Früher habe ich vor allem nachts geschrieben, oft bis vier Uhr morgens, und dann in den Tag hinein geschlafen. Seit ich Kinder habe, hat sich mein Tagesablauf umgedreht. Nun schreibe ich vor allem in den frühen Morgenstunden, manchmal schon, bevor die Kinder wach sind, oder wenn mein Mann sie in die Schule bzw. Kindergarten gebracht hat. Die Zeit, die ich wirklich tippend am Computer verbringe, ist aber nicht sehr lang. Meistens entwickeln sich meine Phantasien nicht, während ich vor der Tastatur sitze, sondern eher auf einem Spaziergang oder bei der Hausarbeit oder während einer Autofahrt. Mein Schreiben ist größtenteils eine unsichtbare Beschäftigung, sie geschieht im Kopf, während ich äußerlich mit anderen Dingen beschäftigt bin. Von daher lässt sich kaum festmachen, wie viel Zeit ich täglich damit verbringe.

Als festes Ritual brauche ich nicht mehr als eine Tasse Tee und manchmal Musik. Wenn das Wetter es erlaubt, sitze ich auch gern im Freien. Wichtig ist, dass das Handy ausgestellt und das Mailprogramm geschlossen bleibt. Ich habe mir abgewöhnt, zwischendurch im Internet zu surfen oder mich mit YouTube-Videos abzulenken. Die Verzettelung in schnell verfügbaren Informationen empfinde ich als Bedrohung meiner Arbeitsfähigkeit. Schreiben verlangt starke Zentrierung, während mich die Angebote im Internet eher zerstreuen. Ich habe herausgefunden, dass ich produktiver bin, wenn ich mich zwei Stunden intensiv auf meine Arbeit konzentriere, als wenn ich den ganzen Tag vor dem Rechner herumhänge und ständig zwischen meinem Text und allen möglichen Nachrichtenportalen hin und her wechsele.

Wo findest du deine Ideen oder Inspirationen?

Überall. Meine Inspirationsquelle ist das Leben selbst. Ich suche nicht gezielt nach Themen oder Stoffen. Ich recherchiere wenig, gehe nicht auf Ideenjagd. Ich versuche einfach, mich offen und durchlässig zu halten. Jederzeit bereit zu sein, eine Idee zu erkennen und festzuhalten, wenn sie gut ist.

Woher die Ideen dann genau kommen, kann ich nicht sagen. Sie wurzeln in Dingen, die ich erlebt habe, in Büchern, die ich lese, Menschen, die mir begegnen, Themen, die mich faszinieren. Meist entstammen sie einer Mischung aus alldem. Wenn eine Idee großen Reiz besitzt, schreibe ich sie auf. Es gibt also ein Verzeichnis auf meinem Rechner, das lauter Ideen für mögliche Romane versammelt. Die meisten werden natürlich niemals umgesetzt, aber das stört mich nicht. Meistens schreibe ich an mehreren Texten gleichzeitig, und nur einige davon werden eines Tages tatsächlich zu fertigen Büchern. Vielleicht klingt das ein bisschen sprunghaft. Für mich ist es aber vor allem eine Form von künstlerischer Freiheit, die ich brauche, um allen Ideen, die kommen wollen, immer die Tür offen zu halten. Da ich die Inspiration nicht gezielt suche, bin ich ja darauf angewiesen, dass sie sich gern und häufig bei mir meldet.

Du hast lange gezaudert, bis du doch Schriftstellerin geworden bist. Empfindest du das Schreiben heute als richtigen Beruf?

Eigentlich nicht. Schreiben hat sich für mich nie wie Arbeit angefühlt. Eher ist das Veröffentlichen ein Beruf – Lese- und Pressereisen, Kommunikation und Selbstverwaltung. Trotzdem ist mein Alltag ganz anders gestaltet als bei den meisten anderen Berufstätigen, auch bei anderen Freiberuflern. Ich habe große Freiheiten, stehe aber immer auch in der Pflicht, mich selbst zu organisieren. Das kann sehr anstrengend sein, und manchmal wünsche ich mir, ich könnte täglich in ein Büro gehen, wo ich klar umrissene Aufgaben zu erledigen hätte. Aber in Wahrheit möchte ich mit niemandem tauschen. Das größte Geschenk ist wahrscheinlich, dass ich zwar als Alleinverdienerin meine Familie ernähre, aber trotzdem viel Zeit mit meinen Kindern verbringen kann.

Was würdest du jungen Menschen raten, die Schriftsteller werden wollen?

Sie sollen ihrer Leidenschaft folgen, stets offen für Kritik sein, aber trotzdem vor allem auf das eigene Herz hören. Das würde ich allerdings jedem Menschen raten, der seiner Berufung folgen will. Darüber hinaus empfiehlt sich die Bewerbung an einer Schreibschule wie dem Literaturinstitut in Leipzig oder dem Schreibstudiengang in Hildesheim. Man lernt viel über sich selbst und sein Schreiben, und man knüpft Kontakte, die vielleicht später beim Finden eines Verlags wertvoll sein können. Trotzdem würde ich mich nicht zu früh an der Idee festbeißen, mit dem Schreiben Geld verdienen zu wollen. Aus meiner Sicht sollte man eine weitere Ausbildung erwerben, die es ermöglicht, den Lebensunterhalt mit einem »normalen« Beruf zu verdienen. Sonst steht man gleich von Anfang an unter Erfolgsdruck.

Aber natürlich gilt erst einmal: kein Schriftsteller ohne Text! Immer wieder habe ich junge Autoren getroffen, die schon ans Veröffentlichen dachten, bevor sie ihr erstes Romanmanuskript fertig hatten. Das ist der falsche Weg. Erst einmal heißt es: schreiben, schreiben, schreiben. Und natürlich: leben, leben, leben. Damit man auch etwas hat, worüber man schreiben kann.

XIV.

Statt eines Nachworts

Möchtest du zum Abschluss *Corpus Delicti* noch einmal in dein bisheriges Werk einordnen? Was bedeutet der Roman für dich?

Corpus Delicti nimmt aus verschiedenen Gründen eine Sonderstellung ein, und wahrscheinlich wird das auch immer so bleiben. Zum einen ist da die Entstehungsgeschichte, vom Theaterstück zum Roman. Zum anderen die explizit politische Motivation, die für mich total untypisch ist. Und auch die Rezeption von *Corpus Delicti*, also die große Rolle, die der Text inzwischen an Schulen und Universitäten spielt, ist einzigartig.

Eine weitere Besonderheit ist, dass das Erscheinen von *Corpus Delicti* mich regelrecht erleichtert hat. Es war mir wichtig, genau diesen Text über genau diese Themen zu schreiben. Ich hatte sogar das Gefühl, diesen Text schreiben zu *müssen*. So ist das normalerweise bei meinen anderen Büchern nicht. Da springen mich die Ideen an, packen mich und treiben mich vor sich her. Auch *Leere Herzen*, meine zweite Dystopie, ist in einem solchen Ideenrausch entstanden. Bei *Corpus Delicti* hatte ich eher das Gefühl: Dieser Text ist meine Aufgabe, und wenn ich sie nicht erfülle, werde ich es eines Tages bereuen. Auf diese Weise habe ich mit *Corpus Delicti* eine ganz neue Seite der Schriftstellerei kennengelernt.

Insgesamt empfinde ich dem Text gegenüber vor allem Dankbarkeit. Dafür, dass ich ihn schreiben durfte, dafür, dass es ihn gibt. Vor allem bin ich allen Lesern dankbar, die das Abenteuer eingehen, sich immer wieder mit *Corpus Delicti* und den vielen darin enthaltenen Fragen zu befassen.

Juli Zeh

Corpus Delicti

Ein Prozess

272 Seiten, btb 74066

Jung, attraktiv, begabt und unabhängig: Das ist Mia Holl, eine
Frau von dreißig Jahren, die sich vor einem Schwurgericht
verantworten muss. Zur Last gelegt wird ihr ein Zuviel
an Liebe (zu ihrem Bruder), ein Zuviel an Verstand (sie
denkt naturwissenschaftlich) und ein Übermaß an geistiger
Unabhängigkeit. In einer Gesellschaft, in der die Sorge um den
Körper alle geistigen Werte verdrängt hat, reicht dies aus, um
als gefährliches Subjekt eingestuft zu werden. Juli Zeh entwirft
in Corpus Delicti das spannende Science-Fiction-Szenario einer
Gesundheitsdiktatur irgendwann im 21. Jahrhundert, in der
Gesundheit zur höchsten Bürgerpflicht geworden ist.

»Juli Zeh ist mit Corpus Delicti der weibliche George Orwell
der Gegenwart geworden.«
Deutschlandradio

btb

Juli Zeh

Unterleuten

Roman

656 Seiten, btb 71573

»Mit dem Dorf stimmt was nicht. Ganz massiv.«

Wer nur einen flüchtigen Blick auf das Dorf in Brandenburg
wirft, ist bezaubert von den altertümlichen Namen der
Nachbargemeinden, von den schrulligen Originalen, die den
Ort nach der Wende prägen, von der unberührten Natur mit
ihren seltenen Vogelarten. Doch hinter den Fassaden der
kleinen Häuser brechen alte Streitigkeiten wieder auf. Und
obwohl niemand etwas Böses will, geschieht Schreckliches.

»Juli Zehs furchtlos vor jedem Klischee ins Herz
der bundesrepublikanischen Wirklichkeit zielender
Gesellschaftsroman ist ein literarischer Triumph.«
Denis Scheck, Der Tagesspiegel

»Juli Zeh hat mit ›Unterleuten‹ den Roman der Stunde
geschrieben: über die große Gereiztheit, über
Politikverachtung und Resignation.«
Volker Weidermann, Der Spiegel

btb

Juli Zeh

Neujahr

Roman

192 Seiten, btb 71896

Ein Familienurlaub auf Lanzarote, der zum Albtraum wird

Lanzarote, am Neujahrsmorgen: Henning sitzt auf dem Fahrrad
und will den Steilaufstieg nach Femés bezwingen. Während er
gegen Wind und Steigung kämpft, lässt er seine Lebenssituation
Revue passsieren. Eigentlich ist alles in bester Ordnung. Er hat
zwei gesunde Kinder und einen passablen Job. Mit seiner Frau
Theresa praktiziert er ein modernes. Aber Henning geht es
schlecht. Er lebt in einem Zustand permanenter Überforderung.
Familienernährer, Ehemann, Vater – in keiner Rolle findet er
sich wieder. Seit Geburt seiner Tochter leidet er unter
Angstzuständen und Panikattacken, die ihn regelmäßig
heimsuchen wie ein Dämon.
Als Henning schließlich völlig erschöpft den Pass erreicht,
trifft ihn die Erkenntnis wie ein Schlag: Er war als Kind schon
einmal hier in Femés. Damals hatte sich etwas Schreckliches
zugetragen – etwas so Schreckliches, dass er es bis heute
verdrängt hat, weggesperrt irgendwo in den Tiefen seines
Wesens. Jetzt aber stürzen die Erinnerungen auf ihn ein, und
er begreift: Was seinerzeit geschah, verfolgt ihn bis heute.

»… vielleicht Juli Zehs bislang bestes Buch.«
Karin Janker, Süddeutsche Zeitung

btb

Juli Zeh

Leere Herzen

Roman

352 Seiten, btb 71838

Sie sind desillusioniert und pragmatisch, und wohl gerade
deshalb haben sie sich erfolgreich in der Gesellschaft
eingerichtet: Britta Söldner und ihr Geschäftspartner Babak
Hamwi. Sie haben sich damit abgefunden, wie die Welt
beschaffen ist, und wollen nicht länger verantwortlich sein für
das, was schief läuft. Stattdessen haben sie gemeinsam eine
kleine Firma aufgezogen, »Die Brücke«, die sie beide reich
gemacht hat. Was genau hinter der »Brücke« steckt, weiß
glücklicherweise niemand so genau. Denn hinter der Fassade
ihrer unscheinbaren Büroräume betreiben Britta und Babak
ein lukratives Geschäft mit dem Tod.

Als die »Brücke« unliebsame Konkurrenz zu bekommen
droht, setzt Britta alles daran, die unbekannten Trittbrettfahrer
auszuschalten. Doch sie hat ihre Gegner unterschätzt. Bald
sind nicht nur Brittas und Babaks Firma, sondern auch beider
Leben in Gefahr …

»Ein Thriller am Puls der Zeit, der die richtigen Fragen stellt.«
Nadine Kreuzahler, rbb Inforadio

btb

Juli Zeh

Nullzeit

Roman

256 Seiten, btb 74569

**»Vor knapp einer Stunde hat Theo mal wieder versucht,
mich umzubringen. Klingt wie der Anfang eines Krimis.
Ist es aber nicht.«**

Eigentlich ist Jola mit ihrem Lebensgefährten Theo auf die Insel
gekommen, doch als sie Sven kennenlernt, entwickelt sich aus
einem harmlosen Flirt eine fatale Dreiecksbeziehung, die alle
Regeln außer Kraft setzt. Wahrheit und Lüge, Täter und Opfer
tauschen die Plätze. Sven muss erleben, wie er vom Zeugen
zum Mitschuldigen wird. Bis er endlich begreift, dass er
nur Teil eines mörderischen Spiels ist, in dem er von Anfang
an keine Chance hatte.

»Ein schauderhaft schöner Psychothriller.«
Stern

»›Nullzeit‹ kann sich locker mit der Altmeisterin der spürbaren
Amoral Patricia Highsmith messen.«
Brigitte

btb